KB203263

예수를

따른다는 것의

의미

Who Was Jesus and What Does It Mean to Follow Him
By Nancy Elizabeth Bedford ⓒ 2021 by Nancy Elizabeth Bedford

MennoMedia, d/b/a Herald Press
841 Mt.Clinton Pike, Suite D
Harrisonburg, VA 22802

Publication Date: January 10, 2024
Previously published by MennoMedia, d/b/a Herald Press, 2021

Who was Jesus and What Does It Mean to Follow Him?

예수를
따른다는 것의 의미

낸시 엘리자베스 베드포드 지음

최유진 옮김

동연

위르겐 몰트만(Jürgen Moltmann)의

아흔다섯 번째 생일을

사랑으로 축하하며

한국어판 인사말

2020년 초, 95세의 어머니는 쇠약해지셨습니다. 기억력이 점점 떨어지고 계셨죠. 제가 딸인지 알아보지 못할 때도 있으셨습니다. 하지만 어머니는 저를 볼 때면 자주 중요한 질문을 하셨습니다. "예수님을 아시나요?" 그러면서 어머니는 확신에 찬 목소리로 이렇게 덧붙이곤 하셨습니다. "저는 알아요!" 어머니는 가족이나 자신이 누구인지 항상 기억하지는 못하셨지만, 예수님이 누구신지는 알고 계셨습니다. 저는 제가 예수님을 알고 있는지에 대해 어머니가 하시는 걱정과 예수님을 신뢰한다는 어머니의 순전한 확신에 깊은 감동을 받았습니다.

당시 저는 그리스도론을 강의하고 있었는데, 어머니의 질문이 지닌 놀라운 깊이에 대해 자주 깊게 생각했습니다. 내가 예수를 "안다"는 것은 무슨 뜻일까요? 2020년 3

월 18일, 코로나-19 봉쇄 조치가 시작되고 수업이 온라인으로 전환될 즈음 어머니는 돌아가셨고, 애도하는 몇 주 동안에 그리스도론 수업을 계속 했습니다. 예수님의 죽음과 부활을 다루면서 혼자 생각했습니다. "지금이 내가 부활을 정말로 믿는지, 믿지 않는지를 시험하는 순간이다. 내가 어머니를 다시 볼 수 있을까?" 저는 부활에 대한 소망으로 위로를 받았고, 사회적 거리두기 속에서 맞이한 부활절이 그 어느 때보다 의미 있게 느껴졌습니다.

팬데믹 봉쇄가 한창이던 북반구의 여름, 저는 어머니의 질문을 늘 생각하며 이 책을 썼습니다. "예수님은 누구신가? 그분을 믿음으로 따른다는 것은 무엇을 의미하는가?"

편집자들이 아주 짧은 책을 요청했기 때문에 저는 단어를 엄선하면서 답을 신중하게 정리해야 했습니다. 저는 우리 교회 분들과 제가 수년 동안 가르쳤던 학생들을 모두 염두에 두고 글을 썼습니다. 책이 출간된 후 교인들과 학생들 모두 이 책이 도움이 되었다고 말해 주셨고, 저는 그

것에 대해 감사하게 생각합니다.

이제 『예수를 따른다는 것의 의미』가 한국어판으로 출간되어 기쁘고 영광스럽게 생각합니다. 예수님이 어떤 분이신지 궁금해하는 분들과 이미 예수님을 믿음으로 따르는 분들 모두에게 도움이 되기를 바랍니다.

지난 수십 년 동안 저는 아르헨티나와 미국에서 한국인 동료, 학생, 이웃들의 존재와 선물로 깊은 축복을 받았습니다. 특히 이 책의 번역을 맡아 사랑의 수고를 해준 번역자 최유진에게 감사의 말을 전하고 싶습니다. 그녀의 노력으로 이 책이 한국 독자들에게도 전달될 수 있게 되어 매우 기쁩니다. 이 책은 북미의 상황과 도전을 염두에 두고 쓰였지만, "예수는 누구였을까? 그분을 따른다는 것은 무엇을 의미할까?"라는 질문을 던지는 이 시도가 독자들에게 각자의 도전 속에서 그 질문에 답할 수 있는 영감을 줄 수 있기를 바랍니다. 우리는 예수를 알고 있습니까? 우리는 그를 누구라고 말할 수 있습니까?(막 8:29). 이러한 질문에 대한 우리의 참여가 통찰력과 분별력, 변화된 삶으로 이어지기를 바랍니다.

2023년 9월

일리노이주 에반스턴

낸시 엘리자베스 베드포드

"예수의 그 길"(The Jesus Way)

작은 책이다. 하지만 강한 힘이 담겨 있다. 『예수는 누구였는가? 그리고 예수를 따른다는 것은 무엇을 의미하는가?』(*Who was Jesus and What Does It Mean to Follow Him?*)라는 책을 읽으면서 나는 그렇게 느꼈다. 헤럴드 출판사(Herald Press)가 기획한 "예수의 그 길: 급진적 신앙에 대한 소책자" 시리즈 가운데 한 권인 이 책은 예수 정신의 "라디칼리티"(Radicality)를 명확하게 보여주고 있다. 그래서 보편적 가치관 속에서 살며 안락함을 누리는 그리스도인들에게 이 책은 지극히 낯설다. 낯선 예수다. 그 이유는 복음서에서 가르친 예수의 정신을 자신의 삶과 연결 지으려는 시도와 고민을 하지 않고 살았기 때문이다.

예수의 가르침이 "라디칼"한 것은 하나님 나라의 삶을 선포하고 실현하려는 예수의 정신과 소외당하던 하나님의 백성들의 아우성을 외면하고 형식적인 종교 행위만으로 현실의 고통을 덮으려는 종교 지도자들이 충돌한 데서 비롯되었다. 그래서 예수는 십자가에서 처형당하고 말았다. 작은 이 책이 강한 힘을 보이는 이유는 십자가의 대속적 죽음만을 강조하며, 십자가에 달리기까지 선포한 예수의 가르침에 대한 진지한 고민 없는 세월을 보낸 기독교의 역사를 질타하고 있기 때문이다.

　　저자인 낸시 베드포드 교수는 아르헨티나에서 태어나 미국에서 저널리즘과 신학을 공부하고 독일 튀빙엔대학교 신학부에서 위르겐 몰트만 교수의 지도 아래 "예수 그리스도 그리고 십자가에 달린 백성: 혼 소브리노의 제자도와 순교의 기독론"(Jesus Christus und das gekreuzigte Volk: Christologie der Nachfolge und des Martyriums bei Jon Sobrino)이라는 제목으로 신학 박사학위(1994)를 받았다.

　　이 책에는 해방신학과 여성신학의 성서 읽기가 깊이

반영되어 있으며, 무엇보다도 16세기 아나뱁티스트(Ana-baptist)의 신학과 신앙적 전통이 고스란히 묻어난다. 아나뱁티스트에게 "라디칼"(radical)이란 과격한 급진이 아니라, 철저한 급진이다. 폭력을 폭력으로 대항하는 것이 아니라, 비폭력으로 폭력을 이기는 것이다. 원수를 사랑하라는 예수의 가르침을 알아들은 척하고 외면하는 것이 아니라, 자신의 삶 속에서 이것을 실천할 방법을 끊임없이 모색하며 그에 따르는 고통을 기꺼이 감수하려는 사람들이 아나뱁티스트이고 메노나이트(Mennonite)이다.

베드포드 교수는 자신을 소개하는 게렛(Garret)신학대학교 게시판에 이런 말을 써 놓았다.

"그리스도인은 누구나 신학자이다"
(Every Christian is a Theologian).

신학자는 대학에만 있는 것이 아니다. 그리스도인이라면 누구나 자신의 상황 속에서 신학적 사고를 할 수 있어야 한다. 그렇게 하려고 노력하지 않으면, 그는 종교인일지는 몰라도, 예수의 제자가 되기 어렵다.

루터와 아나뱁티스트 신학을 비교한 필자의 전공을 기억하고 추천서를 요청한 번역자 최유진 교수에게 오히려 고마운 것은, 오랜만에 강한 울림을 주는 책을 읽게 해주어서이다. 필자가 이 책을 읽으며 배운 것은 과거 아나뱁티스트 성서 이해가 문자 중심주의를 한계를 넘어서서 현대 사회 속의 그리스도인들에게 성서에서 배운 대로 실천할 수 있는 길을 보여주고 있다는 점이었다. 과연 "예수의 그 길" 시리즈답다고 생각한다.

신학생뿐만 아니라, 신학적으로 생각하기 원하는 그리스도인이라면 누구나 이 작은 책에서 "예수의 그 길"을 발견하게 되시기를 바라며 일독을 권한다.

홍지훈 교수

(호남신학대학교 / 종교개혁사)

옮긴이의 글

    종종 그리스도론을 가르치고 있습니다. 전통적으로 그리스도교는 예수님을 참 사람이며, 참 하나님이라고 고백하고 있습니다. 예수 그리스도 안에 나타난 하나님의 신비를 역설의 언어로 담아놓은 것입니다. 이러한 역설적 진리는 과학적, 경험적 사고를 하는 현대인들에게 어리석어 보이기도 합니다. 교리 속의 예수님은 동정녀 마리아에게 나셔서 우리의 구원을 위해 십자가로 직행하여 부활, 승천하셨다는 폐쇄회로에 갇혀서 오늘의 우리에게 잘 닿지 않습니다.

    이 책은 이 교리를 훼손시키지 않으면서도 예수 그리스도가 성육신하셔서 치유자, 교사, 예언자로 살면서 하나님의 뜻을 충실히 수행하시다가 처형당하시고 부활하신 것을 추적하여 우리에게 전달하려고 애씁니다. 이를 위해 저자는 충실한 성서 주석과 그 당시의 정치, 역사, 문화적 컨텍스트에 대한 광범위한 연구와 조직신학적 전문지식을 동원하여 그리스도론 교리가 추상적인 사변에 그치지 않고 나사렛 예수의 구체적인 길을 지시하도록 안내해 줍니다. 저자의 추적은 흥미진진하고 재미를 주기 때문에 따라갈 만합니다. 짧지만 깊고 풍부한 내용을 담고 있습니다.

이 책은 또한 우리가 그분을 따르려면 어떻게 해야 하는지를 제시해 줍니다. 저자는 예수 그리스도를 알기 위해서는 그분이 가신 길을 뒤따라야(Nachfolge) 한다는 것을 강조합니다. 어쩌면 이 책은 저자의 선생님이신 몰트만의 『예수 그리스도의 길』 사용 설명서라고 불러도 될듯합니다. 이 책에서 예수님은 자신을 따르는 사람들에게 자신이 한 일을 그대로 반복, 복붙(copy and paste)하는 것이 아니라, 성령님의 도움으로 자신들의 시대와 장소에 맞는 방식으로 창조적으로 걷기(요 14:12) 바라신다고 말하고 있습니다. 이런 의미에서 저자가 말하는 그리스도 이해는 성령론의 도움이 필요하고, 결국 삼위일체론 안에서 제대로 이해된다고 할 수 있겠습니다. 이 책을 읽고 자극받아서 독자들 각각의 삶의 자리에서 예수님을 따르는 삶이 무엇인지를 고민하여 그 삶을 힘차게 살아낼 수 있기를 바랍니다.

이 책은 일차적으로 신학생들을 위한 전공 서적이지만 깊이 있는 신학 지식에 목말라 있는 일반인들이 읽어도 손색이 없는 책입니다. 각 장마다 토론과 성찰을 위한 질문을 포함하고 있고, 전문 신학 용어를 정의해 놓은 용어집이 있기 때문에 개교회에서 예수님에 대한 6주 강의, 6주 공부 코스로도 활용할 수 있습니다.*

---

* 이 책에 나오는 성경 구절은 저자의 강조나 저자의 특별한 번역을 제외하고는 모두 한글 개역개정판본을 사용하였습니다.

우선, 원서의 내용을 역자 보다 더 잘 파악해서 정성껏 추천사를 써주신 홍지훈 교수님께 깊은 감사를 드립니다. 흔쾌히 출판을 해주신 김영호 대표님, 숭실대와 호남신대에서 그리스도론과 삼위일체론 수업을 들었던 학생들, 함께 예수 그리스도를 따르며 소통하고 있는 낮은예수마을 교회 성도님들께 감사와 사랑을 전하고 싶습니다.

빛고을에서

최유진

차 례

서론

이 책의 제목은 다음의 두 가지를 묻는다. 예수는 누구였는가? 그리고 그를 따른다는 것은 무엇을 의미하는가?

이 두 가지 질문을 진지하게 받아들이면 이 둘은 떼려야 뗄 수 없는 밀접한 관계임을 알게 될 것이다. 아나뱁티스트(Anabaptist) 신학자 한스 뎅크(Hans Denck, 약 1495~1527)가 말했듯이, 우리는 삶 속에서 예수를 따름으로써 그를 알게 된다(이 책에 나오는 주요 용어는 굵은 글씨로 표시되어 설명과 함께 용어집에 실려 있다).

우리는 예수의 길을 따르기로 마음먹고 충분히 그를

신뢰하지 않고는 예수가 어떤 분이었는지를 잘 알아낼 도리가 없다. 과거와 현재에 우리와 비슷한 여정을 걷고 있는 다른 사람들과 성령의 도움으로 예수의 발자취를 따라가다 보면(벧전 2:21), 예수가 과거에 어떤 분이었는지 뿐만 아니라 현재에 어떤 분이고, 미래에 어떤 분일지도 알 수 있게 될 것이다.

마태복음, 마가복음, 누가복음에 나오는 잘 알려진 장면에 묘사되어 있듯이 예수는 제자들에게 다른 사람들이 자신에 대해 뭐라고 말하는지를 묻는다.

제자들은 돌고 있는 소문을 소개하며 많은 사람이 예수를 예언자라고 생각하고 있다고 전한다. 그러자 예수는 제자들에게 그 자리에서 바로 "너희는 나를 누구라 하느냐?"(막 8:29)라고 묻는데, 그 질문에 베드로는 "당신은 메시아(또는 그리스도)이십니다"라고 대답한다.

이 비슷한 상황이 요한복음의 예수와 베다니의 마르다가 나눈 대화에서도 벌어진다. 예수는 마르다에게 내가 "부활(resurrection)이며 생명"이라는 것을 믿는지를 묻는다. 마르다는 그렇다고 대답하면서 "나는 당신이 메시아, 세상에 오신 하나님의 아들이라는 것을 믿습니다"(요 11:27)고 말한다.

베드로와 마르다는 다른 제자들과 마찬가지로 예수와 함께 걷기 시작하면서 예수를 점점 더 알게 되었고, 이와 동시에 예수가 그들에게 의미하는 바와 더 넓은 세상에서 의미하는 바를 알아내려고 노력했다. 그들은 예수가 누구이며, 예수의 발자취를 따른다는 것이 무엇을 의미하는지를 정확히 표현하기 위해서 히브리 성경과 문화적 상황, 예수의 가르침에서 사용된 자신들에게 익숙한 언어와 이미지를 이용하고 있다.

이 책에서도 베드로와 마르다가 한 것처럼 예수와 동행하며 그를 알아가고, 그가 누구인지, 우리 삶에서 그를 따르는 것이 구체적으로 무엇을 의미하는지를 표현할 수 있는 의미 있는 방법을 찾아보려고 노력할 것이다.

1장

나사렛 예수

큰딸 발레리아가 서너 살 때 그 또래들처럼 만나는 모든 것에 대해 중계방송을 했다. 당시 우리는 부에노스아이레스에서 살았고, 볼일 보러 동네를 돌아다닐 때 발레리아는 자주 내 손을 잡고 나를 따라다녔다. 발레리아는 눈에 잘 띄지 않는 작은 정원이나 현관 옆 틈새에 숨겨진 그림 찾는 것을 좋아했다.

"엄마와 함께 있는 아기 좀 보세요!"

그녀는 아기 예수를 안고 있는 마리아의 모습을 보고 소리쳤다.

"이것은 하나님과 그의 엄마예요!"

우리는 평온한 순간을 누리고 더위를 피하기 위해 가끔 산호세의 가톨릭 성당에 들어갔다. 발레리아는 가시면류관을 쓰고 십자가에 못 박힌 후 잠든 것처럼 (실제로 죽은 것처럼) 누워있는 예수의 동상에 특히 관심을 보였는데 나에게 자주 예수에게 무슨 일이 있었는지 물었고 떠나기 전에 예수에게 "괜찮아요!"라고 말하곤 했다. "하나님께서 당신을 다시 살리실 거예요!"

나는 발레리아가 그 시점까지 예수에 대해 흡수한 것을 생생하게 종합하고 표현하는 방식이 흥미로웠다.

예를 들어 그의 인성과 신성, 아이들에게 쉽게 다가가신 것, 십자가 죽음, 부활이 불러일으킨 희망 같은 것이다. 발레리아는 초기 그리스도인들처럼 개인적인 경험과 자신에게 전해진 전통을 바탕으로 예수가 어떤 분인지, 그와 함께한다는 것이 어떤 의미인지에 대한 조각들을 짜맞추기 시작했다.

신약성경의 가장 초기 기록(사도 바울이 신생 교회 공동체에 보낸 편지)에서는 독자들이 이미 나사렛 예수 이야기의 윤곽을 알고 있다는 것이 전제되어 있다.

바울은 이야기 전체를 다시 하려는 것이 아니라 구체적인 문제에 대응하기 위해 글을 쓰고 있다. 바울이 사역할 당시 교회에는 예수에게서 직접 보고 들은 것을 증언할 수 있는 사람들이 여전히 많이 있었다. 바울은 예수 부활에 대해 예수가 부활한 후 "오백여 형제에게 일시에 보이셨나니 그중에 지금까지 대부분 살아 있고 더러는 죽었고"(고전 15:6)라고 기록했다.[1]

수십 년 후, 예수가 한 말과 행한 일을 직접 기억하는 사람들이 죽고, 살아남은 사람이 없어지자 예수의 말과 전승된 예수 이야기를 글로 남기는 일이 중요해졌다. 그 결과 마태, 마가, 누가, 요한의 네 복음서가 생긴 것이다.

복음(좋은 소식)이라는 단어는 예수에 대한 이러한 증언의 성격을 보여준다. 이 증언은 예수에 대해 알려진 모든 것을 낱낱이 설명하는 것을 의미하지 않았다. 사실 요한

복음 에필로그에 기록되어 있듯이, "예수께서 행하신 일이 이 외에도 많으니 만일 낱낱이 기록된다면 이 세상이라도 이 기록된 책을 두기에 부족할 줄 아노라"(요 21:25).

복음서는 특정한 목적을 가진 이야기이다. 즉, 나사렛 예수(예수를 따르는 이들이 그리스도 또는 메시아로 고백한 분)와 그 예수가 하나님의 통치에 대해서 선포한 메시지가 계속해서 좋은 소식이 되는 이유를 이해하도록 돕는다. 복음서는 또한 우리가 예수 운동에 참여하도록 부른다(요 20:30-31 참조).

예수를 다룬 현대적 의미의 "정확한 전기"(definitive biographies)는 없지만 우리는 그의 역사적, 지리적, 사회정치적 맥락에 대해서는 꽤 많이 알고 있다.

젊었을 때 그는 갈릴리 나사렛에서 살았다. 나사렛은 언덕 위에 세워진 작은 유대인 마을로 도자기 생산, 농업, 양치기와 같은 활동에 종사하는 200명에서 400명 정도의 주민이 거주했다. 다른 유대인 마을처럼 회당 활동은 마을의 중심에 있었을 것이며, 회당은 아마도 어린 예수가 글을 배웠던 곳이었을 것이다.

예수는 시골(village-setting)에서 자랐지만 더 큰 세상으로부터 동떨어져 살지는 않았을 것이다. 나사렛에서 밤에 불빛이 보일 정도로 가까운 거리에 중요한 도시 세포리스(Sepphoris)가 있었다. 거기에서 지중해와 갈릴리 바다까지는 그리 멀지 않았다.[2]

예수는 오랫동안 미술 작품에서 오늘날 북미에서 이해하는 "백인"으로 묘사되었지만 예수가 살던 시대의 예수는 백인이라는 기호(code)로 이해되었을 가능성은 극히 낮다.

우리는 그의 얼굴이 어떻게 생겼는지는 알 수 없지만, 예수가 살던 당시 대부분의 남성은 매우 짙은 곱슬머리에 짙은 눈썹의 갈색 눈을 가지고 있었다는 것은 안다. 그의 어머니 나사렛의 마리아는 유럽 미술에서 우리에게 익숙한 백인 아가씨보다는 멕시코의 과달루페의 성모상(Virgen de Guadalupe)처럼 라틴 아메리카와 카리브해 지역에서 널리 숭배되는 갈색 피부의 성모에 훨씬 가까웠을 것이다.

이보다 더 중요한 미술 전통의 특징 중 하나는 요셉은 마리아보다 훨씬 나이가 많은 인물로 자주 묘사된다는 점이다. 결혼한 부부의 이러한 나이 차이는 그 당시에는 흔한 일이었기 때문에 성인 남성에게 살아 있는 아버지가 있거나 자녀가 할아버지를 아는 경우는 매우 드물었다.[3]

예수가 "요셉의 아들"로 확인되는 요한복음 6장 42절을 제외하고 마태복음과 누가복음의 출생 이야기 외에는 복음서에서 요셉은 더 이상 언급되지 않는다. 복음서에는 예수의 어머니, 누이, 그리고 나중에 초기 교회 운동의 지도자가 된 형제들 일부의 이름이 구체적으로 언급되어 있다(막 3:31-35; 6:3; 요 2:12; 7:3-10; 행 1:14 참조).

마을 사람 중 남자들은 종종 일자리를 찾아 도시로 이주해야 했고, 때로는 결혼 상대자를 찾기 위해 이주해야 했다. 나사렛과 같은 작은 마을에서 갈릴리 호수에 인접해 있는 가버나움 같은 지역으로 이주하는 것은 꽤 흔한 일이었을 것이다.

복음서에서 나다나엘은 가나에서 갈릴리 호숫가로 이

동하고(요 1:45; 21:2) 빌립, 베드로, 안드레는 벳새다에서 가버나움으로 이동한다(막 1:29; 요 1:43; 12:21).4 예수 사역의 순회적 성격과 머리 둘 곳이 없다고 말한 것(마 8:20)은 이러한 국내 이주와 경제적 불안정성이라는 맥락에서 이해해야 한다.

갈릴리의 삶은 1세기 지중해 유역 주변의 다른 곳과 마찬가지로 열악했다.

실제로 당시의 인간 유골을 고고학적으로 분석한 결과, 1세기 갈릴리 사람들의 기대 수명은 상당히 짧았다. 영유아와 어린이는 특히 취약했고, 말라리아, 이질, 결핵과 같은 만성 및 계절성 질병이 만연했으며, 무작위 사망으로 인해 생존의 핵심인 대가족 구조가 불안정해지는 경우가 많았다.5

복음서에서 시몬 베드로의 장모(막 1:30-31)와 백부장의 아들의 경우(요 4:46-52)처럼 치명적인 열병은 흔한 일이었다. 인구 통계학적 불안정성은 강수량(따라서 농작물 생산)의 변화와 로마제국의 수탈적 정치 경제의 압력으로

인해 더욱 심해졌다.[6]

예수의 고향은 대부분 그가 가르친 것의 배경이 된다. 예를 들어 마가복음 4장 1-20절에서 예수는 씨 뿌리는 사람에 대한 비유를 들려준다. 갈릴리 농부들은 종종 씨 한 포대를 가지고 나가서 밭을 걸으면서 한 줌씩 던지곤 했다. 그들은 오늘날 북미의 정원사가 하는 것처럼 흙을 미리 뒤집는 것이 아니라 나중에 뒤집었다.

씨 뿌리는 사람의 비유에서 어떤 씨는 밭을 갈지 않은 길에 떨어졌고(그래서 새들이 날아와서 씨앗을 먹었다), 어떤 씨는 얕은 토양층 아래 바위가 많은 땅에 떨어졌다(그래서 결국 뿌리 내릴 곳이 없었다). 일부 씨는 가시덤불이나 가시덤불 뿌리가 있는 땅에 떨어졌고(그래서 흙을 뒤집어 줄 수 없었다), 일부는 비옥한 땅에 떨어져서 싹이 트고 풍성한 수확을 할 수 있었다.

예수의 원래 청중은 농사와 땅, 그 땅에 대한 경제적, 생태적 압력에 대해 매우 잘 알고 있었을 것이다. 예수가 비유에서 언급한 여러 종류의 토양(딱딱하고, 돌이 많고, 가

시가 많고, 비옥한)은 사실 그 지역 사람들이 직접 경험을 통해 알고 있는 토양의 기본적인 종류이다.

갈릴리 풍경은 흙이 얇게 덮여 있는 메마르고 바위투성이의 산등성이와 군데군데 가축이 뜯어먹을 수 있는 가시덤불로 이루어져 있었다. 능선 사이에는 흙이 두껍고 비옥한 계곡이 있었지만 거기에도 영양분이 풍부하지 않았다. 비가 오더라도 겨울철 강한 폭풍과 함께 올 때가 많았는데 이로 인해 표토가 벗겨졌다. 땅을 정기적으로 놀려 영양분을 회복하고 침식을 줄이는 것이 매우 중요했다.

전통적인 자급자족 농업 시스템에서는 현지 가족을 먹여 살리고 다음 세대를 위해 지력을 보존할 수 있었으나 로마 점령하에서는 토지 축적과 경제적 이익을 도모하는 외지 대지주 소유 시스템(a system of absentee ownership)으로 인해 기름진 땅이 과도하게 경작되고 남용되었다. 그 결과 예수가 사는 동안 땅은 급격히 척박해졌다.[7]

로마제국은 군사 작전을 잔인하게 수행했는데, 특히 "갈릴리인과 유다인과 같이 반항적이고 비협조적인 민족을 재정복"했다.[8] 로마 군대는 때때로 기존 도시(기원전 146년의 고린도 등)를 파괴하고 그 도시를 나중에 로마 식민지로 재건했다. 제국 지배 기술의 하나로 대량 학살이 사용되기도 했다. 기원전 53~52년에는 막달라 마리아의 고향인 막달라와 그 주변에서, 기원전 4년에는 나사렛 지역에서 수천 명이 살해당했다.[9]

로마제국의 역사를 약자의 관점에서 바라보는 것은 중요하다. 약자들은 특히 예수가 주로 목양했고, 예수가 속해 있던 집단이었기 때문이다. 로마제국과 그 문명을 업적의 관점으로 설명하는 것은 로마제국의 일상적인 잔인성과 예수를 처형하는 것을 결정하고 실행한 사람들이 로마제국의 대표들이라는 사실을 간과하기 쉽다.

로마의 지배가 확립된 후 제국은 헤롯과 같은 분봉왕(client-king)과 헤롯이 재건한 예루살렘 성전과 관련되어 있는 대제사장 계급(caste) 같은 종교 및 문화 제도와의 전술적 동맹을 통해 자신들의 지배를 강화했다. 세금은 헤롯에게, 십일조와 헌금은 성전에, 로마인에게는 조공을

바쳤다. 이로 인해 가난하고 종종 빚 때문에 어려움을 겪는 많은 사람이 극심한 압박을 받았다.[10]

예수의 비유는 이러한 끔찍한 부채 상황을 언급하고 있으며(예: 눅 7:41-43; 16:1-15), 예수의 모범 기도문도 이 점을 언급하고 있다. 즉, "우리가 우리에게 빚진 자에게 빚을 탕감하여 준 것같이 우리의 빚을 탕감하여 주옵시고"(마 6:12).[11]*

그를 따르는 사람들이 그리스도로, 하나님의 기름 부음을 받은 자로 고백한 사람이 다름 아닌 갈릴리 출신으로 불의한 경제, 사회, 정치 구조로부터 압박을 받는다는 것이 무엇인지 알고 있었던 나사렛 예수라는 사실은 매우 중요한 의미를 지닌다. 그는 제국 지배의 무게를 자신의 몸

---

* 역자 주: 한글 개역개정판에는 "죄 지은 자를 사하여 준 것 같이 우리의 죄를 사하여 주시옵고"라고 번역되어 있으나 헬라어 원어상으로는 "빚 탕감"으로 번역할 수 있다. 그리고 많은 영어 번역도 이와 같다. 실제로 한글 개역개정판 성경에도 "빚진 자를 탕감하여 준 것 같이 우리의 빚도 탕감하여 주시옵고"라는 관주가 붙어 있다.

으로 견뎠다.

그는 이미 아기였을 때 폭력을 피해 이웃 나라(이집트, 마 2:13-23 참조)로 피신한 가족의 일원이었는데, 오늘날 수백만 명의 난민과 망명 신청자들이 박해와 기후 변화의 황폐화, 글로벌 자본주의의 수탈적 압력의 결과로부터 도망쳐야 하는 것처럼 그도 도망쳐야만 했다. 평생 그는 불안정한 상태에서 살았고 삶이 잔인하게 끝났다.

하워드 서먼(Howard Thurman)의 영감 어린 표현을 빌리자면, 예수는 사역을 통해 "막다른 길에 몰려서 사는 사람들", 즉 "존엄성과 창조성을 가지고 현재를 살아갈 수 있도록 깊은 위로와 힘이 필요한 사람들"에게 기쁜 소식을 전했다.[12] 예수는 또한 사회적, 정치적으로 소외된 사람들에게 "세상을 이기기 위해" 헌신할 것을 요청했다(마 19:23-26 참조).[13]

예수 메시지의 핵심은 하나님의 통치(또는 하나님의 나라kingdom of God)이다. 그는 그 나라에 대한 추상적인 정의를 내리지 않고 오히려 비유와 은유를 통해서 그리고 치유하고, 평화를 이루고, 정의를 위하는 행동을 통해서 하나님의 성품과 하나님의 통치를 불러일으킨다. 이를 통해 그는 어떤 인간이나 기관, 제도도 아닌 오직 하나님만이 우리의 충성을 받을 자격이 있음을 분명히 한다.

오직 하나님만이 창조의 모든 차원에 대한 권위를 가지고 계신다. 그러므로 예수가 치유하고 귀신을 쫓아내는 권능의 행위(눅 13:32)는 하나님 통치의 표징이자 그 통치를 미리 맛보는 것이다. 즉, 모든 질병, 소외, 가난, 폭력, 깨어짐에 대항하는 공동체적 삶의 방식을 말한다. 이것이 바로 전파되고 실천되는 좋은 소식이다. 다시 말해 우리가 하나님의 통치와 하나님의 정의를 최우선 가치로 삼고 그를 따를 때 우리의 남은 삶이 제자리를 찾을 수 있다는 것이다(마 6:25-43).

예수는 권세와 통치자(principalities)와 사탄 세력의 완강한 지배에 맞서는데, 이 세력들은 물질적이고 영적으로 나타나고, 인간과 자연을 억압하는 방식으로 작동한다. 이런 세력들과 맞서면서 예수는 자신의 행동과 가르침을 통해 우리에게 "평상시 일처리 방식"(business as usual)과는 다른 하나님의 대안을 보여준다. 중요한 것은 예수의 인격과 하나님 통치의 시작이 얼마나 밀접하게 연관되어 있는지에 주목하는 것이다.

하나님 나라는 "예수 안에서 그리고 예수를 통하여 임한다."[14] 따라서 복음서에서 예수는 나사렛 출신의 완전한 인간이자 하나님만이 할 수 있는 일, 즉 죄를 용서하고, 결정적인 권위로 가르치고, 제자를 부르고, 궁극적으로는 죽음을 극복하는 분으로 묘사되어 있다.

예수의 가르침 중 어떤 것은 제자들에게 매우 "어려워" 보였고, 군중들에게는 그의 가르침과 사역을 따르려는 초기 열정이 식어버린 것처럼 보였다(요 6:60-66 참조). 예수를 가까이에서 따르던 사람들은 그에게 영생의 말씀이 있음을 인정하고 그가 "하나님의 거룩한 자"(요 6:68-69)라는 것을 믿게 되었음에도 누가 그의 주장과 요구를 감당할 수 있는지 궁금해했다. 오늘날 예수를 따르고자 하는 우리는 그를 더 알고자 하는 열망과 그의 가르침을 실천하기 어렵다는 느낌 사이에서 제자들과 똑같은 역설적인(paradoxical) 긴장을 느낀다.

"다른 쪽 뺨도 돌려 대고", "더욱 더 걸으라"(마 5:38-41)와 같은 예수의 명령을 포함하고 있는 산상수훈(마 5-7장)은 그를 따르는 사람들에게 우려와 실망을 불러일으키는 경우가 많았다. 많은 사람에게 이런 가르침은 나약함과 수동성을 찬양하는 것처럼 보인다. 결과적으로 예수의 지시는 무시되기 일쑤였다.

예수가 가르친 비폭력 저항을 철저하게 급진적으로 실천하는 것은 기존 사회의 지배적 "상식"에 의문을 제기하기 때문에, 보복하지 않고 원수를 사랑하라는 예수의 가르침을 실천하려고 노력한 사람들은 값비싼 대가를 치를 때가 많았다. 폭력에 대응하기 위한 폭력 사용은 끊임없이 확대되는 공격성을 정당한 것으로 다시 각인시킨다.

반면 비폭력 저항은 지배를 유지하기 위해 무력을 사용하는 모든 사회의 부당함을 폭로한다. 따라서 문제를 비폭력적으로 해결하려는 사람들은 폭력을 사용하는 것에 의문을 제기하고 싶어 하지 않는 사람들의 분노를 불러 일으킬 때가 많다. 16세기 독일에 살았던 초기 아나뱁티스트 마가레타(Margaretha)와 미하엘 자틀러(Michael Sattler)가 바로 그런 경우였다.[15]

베긴회 수녀, 마가레타는 다른 여성들과 함께 계획 공동체(intentional community)에 사는 평신도 여성이었다. 그녀는 미하엘과 결혼했는데, 그는 이전에 수도사였으며 베네딕토회 수도원을 이끌었던 사람이었다. 부당한 경제 및 정치 구조를 개혁하기 위한 농민 반란 시기에 그들은 초기 아나뱁티스트 운동의 지도자가 되었다. 그리고 예수를 따르겠다는 그들의 헌신은 가난한 사람들의 복지에 보였던 그들의 관심과 밀접하게 연결되어 있었다.

1527년 5월 마가레타는 이단 혐의로 재판을 받았다. 그녀에게 비폭력적인 제자도에 대한 헌신을 철회할 수 있는 기회가 여러 번 주어졌지만 철회하지 않았다. 결국 그녀는 넥카강(Neckar River)에서 익사형을 당했다. 며칠 전 그녀의 남편 마하엘도 같은 이유로 고문을 당하고 살해당했다.

그들 부부가 당국에 제기한 주요 문제는 터키인(즉, 무슬림)이 독일을 침공하더라도 그리스도인들은 폭력적으로 저항해서는 안 된다는 입장이었다. 왜냐하면 마태복음 5장 21절에 기록된 예수의 명령인 "살인하지 말라"(you shall not kill, 또는 NRSV에서는 'kill' 대신에 살해하다 'murder'로 기록되어 있다)라는 말씀이 전쟁과 칼에 의한 살인을 금지하고 있기 때문이었다. 결국 약 900명의 아나뱁티스트들이 비슷한 이유로 그 지역의 다른 그리스도인에 의해 처형당했다. 남자는 칼에 처형되었고, 여자는 익사 당했다.[16] 아나뱁티스트 그리스도인들은 지배적인 그리스도교의 폭력 논리가 무엇인지 폭로했고, 그 대가를 치렀다.

마찬가지로 예수도 체포되었을 때 무기로 보복하지 않았고 제자들도 그렇게 하도록 허용하지 않았다. 예수는 폭력을 삶의 방식으로 간주하는 것을 명백하게 반대했다. 그는 자신을 고발한 고발자들에게 비폭력으로 맞섰다. 간음하다 잡힌 여인을 놀라운 재치로 변호하고(요 8:1-11), 누가

가장 위대한지로 다투는 제자들의 어리석음을 멈추게 하는 등 순발력 있게 언어를 사용했다(막 9:33-37).

예수는 성전에 있는 상을 엎기 위해 주저하지 않고 물리력을 행사함으로써 약자들과 연대하는 강력한 상징적 행동을 보여주었다(요 2:14). 예수의 이런 모습들을 기억한다면 그가 나약함이나 소심함에서가 아니라 하나님 사랑의 변혁하는 힘을 인식함으로 비폭력의 길을 제안했음을 알 수 있을 것이다.

예수는 제자들에게 지배적인 체제에서 통용되는 방식보다 더 탁월한 방식, 즉 길이 없는 곳에 길을 만들어 주는 성령의 방식을 일관되게 가리킨다. 우리를 향한 하나님의 사랑은 강압적이지 않으며, 그 사랑은 우리 관계의 일용할 양식인 강압과 보복적 폭력(counter-violence)으로부터 우리를 멀어지게 한다.

예수는 자신의 사역을 통해 국가의 모든 정치적 힘은 그 조직에 관계 없이 통치자에 대한 신민의 순종에서 비롯된다는 사실을 알고 있다는 것을 보여주었다. 신하가 복종하지 않으면 지도자는 힘을 갖지 못한다. 한 국가의 신민이 자신이 그 국가 권력의 원천임을 인식하면 복종을 거부하고 지도자의 권력을 인정하지 않을 수 있다.[17] 따라서 예수는 우리에게 상처를 주는 사람과 구조의 권력을 인정하고 순종하는 것을 보류하라고 가르친다.

마태복음 5장 39-41절에서 다른 쪽 뺨도 돌려대고, 한 걸음 더 동행하는 것에 관한 구절을 읽으면, 두 경우 모두 예수는 자신을 따르는 사람들에게 다른 사람들이 자신을 지배하고, 굴복시키고, 모욕할 수 있는 힘을 부인하라고 격려하고 있다는 것을 알 수 있다.

팔레스타인을 점령한 로마의 군인들은 사람들에게 짐을 지고 천 걸음을 가도록 강요할 수 있었다. 본문에서 "추가적인 거리"(extra mile)를 걷는다는 것은 규칙을 장난스레 바꿔서 억압자들에게 상호 작용의 매개 변수를 설정할 수 없다고 말하는 것을 의미한다.

반대편 뺨을 돌려대는 것에 관해 말하자면 이렇다. 손등으로 얼굴을 톡톡 두드리는 행동은 영화나 소설에서 뺨을 때리며 결투를 신청하는 장면이 보여주는 것처럼, 모욕을 나타내는 전형적인 제스처를 말한다.[18] 그러나 부정(uncleanliness)을 꺼리는 사회적, 종교적 관습은 이 상황에서 왼손 사용을 금하고 그러한 행동에 대한 권리만 남겼다. 이런 맥락에서 다른 뺨을 돌려대는 것은 비교적 힘들지 않게 말없이 효과적으로 소통할 수 있는 방법이었다.

> "이것 보십시오, 손등으로 내 얼굴을 두드려서 나를 모욕하지 마십시오. 나와 대화하고 싶으면 손등이 아닌 벌린 손바닥을 보여주십시오!"*

예수는 배우자에게 매 맞는 여성이나 운동장에서 괴롭

---

* 역자 주: 정결법을 따르던 유대인들은 왼손은 볼일 볼 때 사용했기 때문에 그 외 다른 사회적 관계를 맺을 때는 오른손을 사용했다. 오른편 뺨을 갖다 대면 오른손등으로 톡톡 칠 수 있는 모욕적인 행동을 허락하는 것이기 때문에 보다 평등한 관계를 맺기 위해서 왼편 뺨을 돌려대라는 것이다. 저자는 예수가 폭행을 가하는 자의 폭력에 순응하는 방식이 아니라 오히려 새로운 저항의 방식을 제안했다고 이해한다.

힘을 당하는 아이가 괴롭힘 당하는 것을 용납하라는 뜻으로 말한 것이 아니다. 오히려 이와 반대로 예수는 자신을 따르는 사람들에게 약한 사람들을 학대할 권리를 거부하는 방법에 대해 그 당시 자신의 상황에서 창의적인 예를 제시한 것이다. 이러한 전략은 문화, 시간, 장소에 따라 달라진다.

학대를 당하는 여성의 경우, 나아갈 방향은 자신을 그 상황에서 벗어나게 함으로써 결과적으로 가해자가 자신을 학대할 수 있는 권한과 기회를 박탈하는 것이다.

괴롭힘을 당하는 아이에게 비폭력 대결은 떠나거나, 유머를 사용하거나, 친구나 아군의 방패로 조용히 자신을 둘러싸는 것을 의미할 수 있다. 이러한 전술이 성공하리라는 보장은 없고 항상 쉽게 실행할 수 있는 것은 아니지만, 폭력의 확대를 방지하고 억압자를 비인간화하지 않으면서도 피해자의 인간성에 주의를 환기하는 데 도움이 될 수 있다.

예수에게 그것은 단순히 폭력에 항의하는 문제일 뿐만

아니라 대안을 제시하고 변화의 가능성을 상상하는 문제였다. 예수는 성령의 능력으로 기꺼이 폭력을 대체하려는 그를 따르는 사람들을 지속적으로 돕고 있다. 우리가 비폭력적인 방식으로 살아갈 때, 구조와 관계는 변화하기 시작하고 더 나은 방향으로 나아지기 시작한다.

예수는 우리에게 폭력 앞에서 복종하라고 가르치지 않는다. 우리는 대인 관계의 변화에서 시작하여 우리가 살고 있는 더 넓은 시스템의 변화로 나아가는 더 나은 방식을 구현해야 한다. 이는 부분적으로 우리 자신이 우리의 적을 향한 하나님의 사랑의 도구가 될 수 있도록 허용함으로써 이루어진다.[19]

예수는 우리에게 다른 사람, 심지어 원수까지도 하나님이 보는 것처럼 보라고 가르친다. 이것은 우리를 사랑하는 사람들을 사랑하는 것을 넘어서는 것을 의미한다. 적도 우리 자신과 마찬가지로 변화가 필요한 인간으로 보는 것은 그들에게도, 우리에게도 좋은 일이다. 그들은 변화할 수 없는 존재가 아니라 회심하고 변화할 수 있는 인간이다. 우리가 적을 미워하고 그들의 폭력을 본받는다면 상황을 개선하는 것이 아니라 악화시키는 것이다.

예수가 행동으로 보여준 것처럼, 상상력이 풍부하고 용감한 행동으로 폭력과 보복적 폭력의 순환을 끊을 때 우리는 우리 자신과 적을 변화시킬 수 있는 공간을 만들 수 있다. 나와 우리에게 나쁜 짓을 했기 때문에 적을 미워하는 것이 더 쉽다. 그러나 하나님은 이러한 반응에 만족하시지 않는데 그 이유는 증오가 우리 삶에 미치는 영향 때문이다.

병역과 전쟁 참여를 거부한 예수의 초기 제자들에게 비그리스도교인들이 보여준 가장 설득력 있는 주장 중 하나는 2세기 그리스 철학자 셀수스(Celsus)가 한 다음과 같은 말이었다. "모든 사람이 당신처럼 행동한다면 어떻게 되겠습니까?"[20]

셀수스의 주장은 여전히 다음과 같이 사용되고 있다. "당신은 이 나라에 살고 있고, 당신의 의무는 적으로부터 이 나라를 보호하는 것입니다. 모든 사람이 당신처럼 행동한다면 어떻게 되겠습니까? 우리 모두는 적에게 속수무책으로 당할 수밖에 없을 것입니다."

결국, 그리스도인 대부분은 수 세기 동안 이 논리에 설득되어 예수가 다시 올 때까지 군사적 개입과 전쟁에 참여하는 것을 필요악으로 받아들였다. 예수가 자신의 왕국은 "이 세상에 속한 것이 아니다"(요 18:36, ESV)라고 말했을 때, 그 뜻은 저세상을 동경하여 인간의 구체적인 삶에 무관심하다는 뜻이 아니었다. 예수의 사역은 그가 사람들과 그들의 고통에 깊이 관여하고 있음을 보여주었다.

그러나 나사렛 예수는 폭력을 폭력으로, 공격을 공격으로, 전쟁을 전쟁으로 맞서는 것을 거부하는 또 다른 해답을 우리에게 제시했다. 오히려 그가 의미한 것은 하나님의 통치가 인간 제국뿐만 아니라 소규모의 인간 상호 작용에서도 가장 자주 나타나는 특징인 폭력, 위협, 보복의 논리를 따르지 않는다는 것이다. 그렇기 때문에 예수는 체포되어 로마의 유대 총독 본디오 빌라도에게 끌려갔을 때 자신을 따르는 사람들에게 폭력적으로 자신을 방어해

달라고 요청하지 않았다.

나사렛 예수는 하나님의 통치를 가르칠 때 좋은 소식, 즉 하나님과 우리 서로와 관계를 맺는 더 탁월한 방법(고전 12:31)의 가능성을 구상하고, 명령하며, 모범을 보였다.

예수는 우리 사회에서 기대하는 방식과 다르게 살도록 우리를 이끄신다. 예수는 자신이 시작한 길을 따라 나아가는 방법을 보여주기 위해 자신의 시공간에서 창조적인 사례를 제시한다. 그리고 성령을 보내서 악에 저항하고 우리의 시공간에서 비폭력적으로 사는 방법에 대한 새로운 비전을 제공한다. 또한 주님의 재림을 기다리는 동안에도 하나님의 통치의 본을 따라 소망 가운데 살아갈 수 있도록 힘을 북돋아 준다(행 1:10-11).

2장

성육신한 분

초기에 예수를 따르던 사람들은 예수의 삶과 사역, 메시지를 이해하고 다른 사람들에게 예수의 복음을 전하려고 애썼는데, 이때 그들은 예수의 완전한 인성과 완전한 신성 모두 고려하는 것이 중요하다는 사실을 알게 되었다.

그들은 예수의 인성에 대해 말할 때 예수가 우리의 피와 살을 온전히 공유한(히 2:14) 한 인간이고, "모든 면에서 우리와 같아졌다"(17절)는 사실을 강조했다. 신약성경에는 예수를 겉보기로만 인간이었던 신과 같은 누군가로 만들려는 시도에 대한 강력한 거부가 기술되어 있다.

이런 시도는 나중에 "보이다" 또는 "나타나다"라는 뜻의 그리스어 어근 도케오(dokeo)에서 유래된 왜곡으로, 가현설(Docetism)이라고 부른다. 실제로 신약성경에는 부활

후 예수가 유령이나 귀신의 모습이 아니었다고 주장한다. 부활한 그리스도는 제자들에게 자신을 보고 만져보라고 권하면서 다음과 같이 분명히 말한다. "영은 살과 뼈가 없으되 너희 보는 바와 같이 나는 있느니라"(눅 24:39).

우리는 누가복음과 마태복음의 탄생 이야기를 대림절과 성탄절에 자주 읽고 무대에서 상연한다. 탄생 이야기의 중요한 기능 중 하나는 예수가 "율법 아래 있는 자들을 속량하시려고 여자에게서 나시어 율법 아래 나셨다"(갈 4:4-5)는 것을 정확하게 보여주는 것이다. 예수는 갑자기 어른이 되어 등장한 것이 아니라 출생지, 어머니, 가족, 고향이 있었다. 그는 유대 관습에 따라 팔 일만에 할례를 받았고(눅 2:21), 율법(Torah)에 따라 성전에 바쳐졌다 (22-24절).

누가도 예수의 친족 요한(1:80)과 예언자 사무엘(삼상 2:26)처럼 예수가 "자라며 강하여지고 지혜가 충만하며" (40절)라고 말한다. 복음서에는 이렇게 간접적으로 예수가 온전한 인간성에 걸맞게 메시아적 소명을 점점 더 깊이 이해하며 성장해 간다는 사실이 기록되어 있다. 때가 되자, 예수는 공적 사역을 시작한다(눅 3:22 참조).

이와 동시에 신약성경에는 예수의 인간성을 약화시키지 않으면서도, 예수가 단지 기름 부음 받은 신과 같은 인간은 아니었다는 것이 기록되어 있다. 부활한 예수를 만난 도마의 고백, "나의 주님, 나의 하나님!"에서 보듯이 신약성경은 예수를 하나님으로 인정한다(요 20:28).

예수를 참 하나님인 '하나님의 아들'이라고 고백하는 것은 그가 성부와 성령과 동등한 위치에 있음을 나타낸다. 예수는 "그[하나님]의 본체의 형상이시라 그의 능력의 말씀으로 만물을 붙드시는 분"(히 1:3)이다. 예수는 하나님만이 하실 수 있는 창조적이고, 변화시키고, 구속하는 일을 하심으로써 자신이 하나님임을 보여준다(요 5:17).

그러나 예수는 초기 찬양의 표현대로 자신을 비우고 종의 형상, 즉 인간의 형상을 취하는 역설적인 방식으로 일한다(빌 2:6-8). 이 예수는 초기 신약성경에 따르면 이중적으로 언급되는데 한 편으로는 주님이자[1] 하나님으로,

다른 한편으로는 완전하게 육화되고, 느끼고, 고통 받고, 사랑하고, 성장하는 인간이다.

이 이중 언급의 고전적인 예는 로마서 1장 3-4절인데, 이 구절은 로마서 보다 먼저 형성되어 있던 신앙고백이다. 그 고백에 따르면, 예수 그리스도는 "육신으로는 다윗의 혈통에서 나셨고 능력으로 하나님의 아들로 선포되셨다."

메시아, 곧 그리스도라고 고백한 예수는 인간적으로는 이스라엘 왕 다윗의 후손이다. 영적으로 예수는 부활을 통해 하나님의 아들로 확증되었다. 십자가에 못 박힌 예수를 일으키신 하나님은 십자가에 못 박힌 예수가 다름 아닌 영원한 하나님의 아들이며, 하나님의 영광이 십자가라는 걸림돌(scandal) 속에서 역설적으로 드러난다는 것을 분명하게 보여 주셨다.[2]

바울은 영원한 아들이 나사렛 예수 안에서 육신이 되셨다고 전제한다. 갈라디아서 1장 3-4절에서 바울은 "주 예수 그리스도께서 하나님 곧 우리 아버지의 뜻을 따라 이

악한 세대에서 우리를 건지시려고 우리 죄를 대속하기 위하여 자기 몸을 주셨다"고 말한다. 아들은 아버지가 보냈지만 볼모나 희생자가 아니다. 영원한 아들은 우리를 해방시키기 위해 자유롭게 우리의 현실에 들어오시기로 결정하셨다. 이 구원, 해방, 구속의 사역에서 성자 하나님의 행위성(agency)은 매우 중요하다. 복음의 메시지는 아들이 "보내심을 받았을" 뿐만 아니라 "오시기로 선택"하셨을 때, 그분이 종이었을 때만이 아니라 주님이었을 때, 그분이 하나님의 통치의 설교자이었을 때뿐만 아니라 하나님의 통치의 화신(Embodiment)이었을 때에만 "좋은 소식"으로서 의미가 있다.

그리스도교 교사와 설교자는 처음부터 주로 은유와 이야기를 통해 하나님이면서 인간인 예수의 이중적 역할 또는 정체성을 보여주었다.

예를 들어 북아프리카 히포의 아우구스티누스 주교(354~430)는 예수를 목자이자 양으로, 희생 제물이자 제사장으로,[3] 걷는 자이자 길로, 기도자이자 기도로, 우리의 본향이자 우리의 길로4 애정 어린 눈길로 묘사한다. 완전한 하나님이면서 완전한 인간인 예수의 이중 정체성을 전문 신학 용어로는 일반적으로 '위격적 연합'(hypostatic uion)이라고 한다.

이 표현은 주교들이 많이 참석한 교회 공의회에서 채택되어 많은 기독교 전통에서 중요하거나 경우에 따라 권위 있는 것으로 인정받는 칼케돈 정의(the Chalcedonian Definition, 451년)에 사용된 언어를 말한다. 칼케돈 정의에 따르면 예수는 혼동(confusion), 변화(change), 분리(division), 분할(separation) 없이 두 본성(인성과 신성)으로 연합된 한 인격, 즉 "위격"으로 선언되었다.5

예수의 완전한 인성과 신성에 관한 역설을 그리스도론적(Christological)으로 표현하기 위해서 시적이고 연상적인(evocative) 방식이 사용되었는데 이러한 시도는 칼케돈 공식처럼 예수의 인성과 신성에 대해 추상적인 방식으로 정의하는 시도와 함께 지속되었다. 아우구스티누스의 설교 중 한 편에서 보여주듯이 성육신(incarnation)의 아름다

움과 경이로움을 전달하기 위해서는 전문 용어 보다 역설이 더 효과적이었다.

인간을 지으신 분이 인간이 되신 것은
별들의 통치자이신 그분이 어머니의 젖을 먹고,
빵이 굶주리고,
샘물이 목마르고,
빛이 잠들고,
길이 여정에서 피곤하고,
진리가 거짓 증거로 고발되고,
선생이 채찍에 맞고,
토대가 나무 위에 매달리고,
힘이 약해지고,
치료자가 상처를 입고,
생명이 죽게 하시기 위해서였다.[6]

마찬가지로 소아시아(현재의 터키)의 주교였던 나지안

주스 그레고리(329~390)도 설교 중 한 구절에서 이렇게 썼다.

> 오, 새로운 혼합물(mixture)! 오 역설적인 조합(blending)! 존재하는 자가 존재가 되고, 창조되지 않은 자가 창조되고, 포함되지 않은 자(uncontained)가 포함된다. … 부자인 사람은 거지가 되나니 이는 그가 그의 신성으로 나로 부요케 하려 하여 내 육체 가운데서 구걸하기 때문이다. 배부른 사람은 비어 있나니 이는 그가 잠시 자신의 영광을 "비워" 내가 그의 충만함을 나눠 가질 수 있기 때문이다.[7]

이러한 역설과 교환 패턴은 신약성경 가르침에 흐르는 강력한 경향을 따른 것이다. 바울은 그리스도께서 우리처럼 되신 것은 우리도 그리스도처럼 되게 하기 위함이라는 생각을 다양한 방식으로 자주 언급한다.

예를 들어 그리스도는 우리가 하나님의 축복을 받을 수 있도록 저주가 되셨다(갈 3:13-14). 부요하신 그리스도께서 가난하게 되심은 우리로 부요케 하려 하심이다(고후 8:9). 결국 바울은 우리가 계급, 인종, 성별, 능력, 종교의 장벽을 넘어 다른 사람들을 위해 그리스도가 우리에게 어떤 분이신지를 반영하도록 부르심을 받았다고 썼다. 따라서 바울은 자기가 교만하고 신실한 유대인이지만 이방인도 자기와 같이 그리스도 안에 있게 하기 위해 이방인과 같이 되었다고 말한다(갈 4:12; 고전 9:19).

이러한 맥락에서 예수의 역설적 진리가 가진 함의를 알아내려고 애쓴 일부 초기 신학자들은 "취하지 않은 것은 구원받지 못했다" 또는 "취하지 않은 것은 치유되지 않았다"는 공리를 발전시켰다.[8] 여기서 취하다(assume)는 "~에 대한 책임을 지다"라는 표현에서처럼 물질적으로 떠맡는 것(take on)을 의미한다.

이 생각은 성육신한 예수가 온전한 인간이었고, 따라서 각 인간을 온전히 대표하지 않는 한, 인간을 위한 구원은 없다는 것이다. 이것은 철저하게 급진적인 사회적 함의를 지닌다. 즉, 서른세 살의 갈릴리 남자는 다른 어떤 다양한 인간보다 그리스도에 의해 더 완전히 '취해지거나' 대표될 수 없다.

예수는 특별한 인간으로서 우리 인간의 모든 특수성을 동등하게 대표한다. 여성은 남성보다 예수가 덜 대표한(또는 덜 "취한") 존재가 아니며, 이방인은 유대인보다 예수가 덜 대표한 존재가 아니며, 현대인은 1세기 인간보다 예수가 덜 대표한 존재가 아니다.

역사 속에서 많은 그리스도인이 잘못 가정한 적도 있지만, 예수의 남성성은 남성의 우월성을 나타내는 신호가 아니라 코 모양이나 눈 색깔 등 다른 많은 특징과 함께 인간으로서 예수가 가진 특수성 중 하나일 뿐이다.

대표(representation)의 원리는 우리 인간이 하나님처럼 될(divinized) 수 있도록 그리스도가 인간이 되셨다는 의미에서 '놀라운 교환'(wonderful exchange)이라고도 불리는 역동성과 연결되어 있다. 기본 생각은 완전한 신성을 지닌 완전한 인간 구원자만이 인간인 우리를 대표할 수 있으며, 동시에 하나님만이 하실 수 있는 창조, 구속, 변화의 일을 할 수 있다는 것이다.

인간이면서 동시에 하나님인 예수는 삼위일체 하나님의 충만한 삶에 참여하도록 우리를 초대할 수 있다. 성령으로 실현되는(actualized) 우리 형제 그리스도의 사역을 통해 우리는 입양된 자녀이자 아버지의 상속자가 된다(갈 4:4-7). 참으로 우리는 "신의 성품에 참예하는 자"(벧후 1:4)가 되도록 초대받았다. 이 과정에서 우리는 하나님의 형상대로 지음을 받았음과 동시에 성령으로 예수를 따름으로써 더 인간다운 인간이면서 더 하나님과 같은 존재가 될 수 있음을 재발견하게 된다.

이 접근 방식에서 발생할 수 있는 한 가지 함정은 "놀라운 교환"이라는 멋진 생각에 너무 매료되어 이 생각이 성육신한 분에 의해 우리의 구체적인 일상과 얼마나 깊이 연결되어 있는지를 잊어버리는 것이다. 하나님이 우리를 부르셔서 하나님의 생명을 나누도록(따라서 "신화"되도록) 하는 방법은 바로 이 불의한 현실의 어려움과 도전 속에서 예수를 따르는 것이다.

네덜란드 신학자 메노 시몬스(Menno Simons, 1496~1561)가 말했듯이, 우리는 그리스도를 이해하고 따르고 본받을 때 신성한 생명에 참여하며, 그의 신적 본성에 추상적으로 참여하는 것이 아니라 다른 인간들과 함께 이 땅에서 누리는 생명에 참여하는 것이다.9

위격적 연합과 놀라운 교환과 같은 전문적인 개념은 예수의 깊고 넓은 이야기를 신학적으로 짧게 요약(shorthand)하는 역할을 할 수 있지만, 그런 전문적인 개념이 우리로 하여금 하나님을 반박할 수 없는 추상적인 사변으로 이끌 뿐이라면 별로 도움이 되지 않는다. 이러한 전문적인 개념이 할 수 있는 최선의 역할은 하나님을 만나는 나사렛 예수의 구체적인 길로 되돌아가도록 우리를 안내하는 일이다.

이런 의미에서 예수 사역의 시작을 알리고 예수의 완전한 신성과 완전한 인성이 실제로 무엇을 의미하는지 구체적으로 이해하기 위해서는 예수 이야기의 중요한 두 가지 사건, 즉 예수의 세례와 시험을 살펴보는 것이 도움이 된다.

세례라는 단어는 물에 잠기거나 물로 씻는 것을 의미한다. 세례 요한이 요단강에서 행한 세례는 재계(齋戒), 곧 윤리적, 영적 깨끗함을 나타내는 상징적 행위였다. 히브리어 성경에서 대제사장은 속죄일에 제사를 드리기 전후에 목욕을 했다(레 16:4-24).

손은 문자적인 의미의 깨끗함뿐만 아니라 상징적인 깨끗함을 위해 식사 전에 특별한 방법으로 씻었다. 물에 잠기거나 손을 씻는 것과 같은 재계는 도덕적 순결에 대한 관심을 반영했다(사 1:16-17; 렘 4:14; 겔 36:25 참조).[10] 오늘날까지 유대교에는 씻고 목욕하는 것과 관련된 아름다운 전통이 많이 있으며, 이는 상징적으로 깨끗해지는 것과 관련이 있다.

예수의 세례는 하나님의 현현 또는 계시의 행위이다. 또한 우리로 하여금 세례를 받도록 하는 초대이고, 우리 중 하나가 된 형제 예수가 우리를 위해 세운 친자관계(하나님의 자녀가 되는 것)의 논리로 나아가라는 초대이기도 하다. 그가 받은 유혹은 우리 중 하나처럼 완전한 인간이 되는 과정에서 인간의 현실과 한계를 벗어나는 지름길을 사용하지 않으셨음을 보여준다.

예수는 기도, 분별력, 성경에 대한 건전한 해석, 겸손의 방식과 동시에 다른 사람을 압제하고 지배하는 것이 아니라, 섬기고 힘을 실어주기 위해 자신이 가진 권력을 사용하기 등 우리가 사용할 수 있는 것과 똑같은 방식으로 유혹에 맞서고 있다.

신약성경에서 예수가 요한에게 세례를 받는 것은 '전환'(transition)을 의미한다. 상징적 행위는 물에 잠기는 행위로 같지만 그 의미는 바뀐다. 그리스도교 세례의 성사적 행위의 모델이 되는 예수의 세례는 필요에 따라 반복되는 정결 행위가 아니다. 오히려 그것은 모세가 불타는 떨기나무에서 하나님의 현존을 맞닥뜨렸을 때 일어났던 일을 연상시키는 신의 현현 또는 하나님의 나타나심을 포함하는 일회성 사건이다(출 3:1-6). 공생애 초기에 예수가 받은 세례는 그의 진정한 인성의 표징이었는데 왜냐하면 그는 다른 인간이 받았던 것처럼, 또 받은 것처럼 세례를 받았기 때문이다. 예수의 세례는 또한 하나님의 자기 계시, 예수의 영원한 아들 되심, 성령의 임재의 표징이었다.

우리는 세례라는 상징이 정결에서 예수의 길로 초대하는 것으로 전환되는 것을 마태복음 3장 13-15절에 등장하는 요한과 예수의 대화에서 볼 수 있다.

요한은 예수에게 저항하며 예수가 세례받는 것을 막으려 한다. 요한은 예수가 그에게 세례를 주어야 한다고 주장한다. 이것이 재계나 정결 의식이라면 임마누엘(우리와 함께 하시는 하나님, 성육신하신 하나님)과 메시아로 고백받은 예수가 요한에게 세례를 주는 것이 이치에 맞을 것이다. 그러나 예수는 하나님의 공의를 이루기 위해서는 자신이 세례받는 것이 필요하다고 대답한다(15절).

예수는 세례를 통해 우리에게 본을 보인 것만은 아니다. 그의 세례는 우리와 모든 피조물과 함께하시는 구체적이고 물질적이며 성육신하신 하나님의 임재를 나타내는 표식이다. 예수가 주는 성령의 불로 세례를 받는다는 것은(11절) 하나님의 따뜻하심과 임재하심이 우리의 모든 길에 계속해서 함께하신다는 뜻이다.

특히 예수는 요한에게 "이와 같이 하여 우리를 위해 모든 의를 이루는 것이 합당하기" 때문에(15절) 세례가 필요하다고 말한다.

예수의 말은 "나를 위하여"가 아니라 "우리를 위한" 것이다. 그 의미는 하나님께서 정의를 실현하기 위해 우리와 함께 그리고 우리와 나란히(alongside) 일하시는 임마누엘로서 우리와 함께하신다는 것이다. 이 말씀은 마태복음에서 예수의 입에서 나온 것으로 기록된 최초의 말이다. 예수는 세례 요한에게(그리고 우리에게) 하나님의 정의의 길을 따르는 사람들과 함께 일할 것이라고 말한다.

예수는 물에서 나올 때 하늘이 열리고 성령이 비둘기 모양으로 자기에게 내려오는 것을 보았다(16절). 하늘에서 음성이 들려온다. 마태는 예수만 들었는지 아니면 참석한 사람들도 듣거나 이해했는지를 말하지 않는다.

본문에 따르면 "이는 내 사랑하는 아들이요 내 기뻐하

는 자라"(17절)는 음성이 들린다. 이 행동은 삼위일체 구조를 반영한다. 즉, 아들(예수)-영(비둘기)-아버지(목소리)가 그것이다. 하나님이 우리 안에서 그리고 우리와 함께 성취하고자 하시는 정의는 우리 자신보다 우리에게 더 가깝고 우리의 모든 이해를 초월하는 삼위일체 하나님의 정의이다. 예수의 인간 본성과 더불어, 인간이 아닌 피조물(물, 하늘, 비둘기)도 우리 가운데에 있는 하나님의 본성과 하나님 현존의 계시의 중심에 있다. 하나님은 하나님이 누구신지를 우리에게 보여주고 세상에서 하나님의 일에 참여하도록 우리를 환영하기 위해, 우리 중 한 사람으로 우리 가운데 요단강 물속까지도 오신다.

예수의 세례처럼 유혹 이야기(마 4:1-11; 막 1:12-13; 눅 4:1-13)는 삼위일체적 역동성의 부분인 예수와 성령 사이에 존재하는 중요한 연결을 보여주면서 온전한 인간으로 성육신한 분의 헌신을 보여준다.

성령으로 충만한 예수는 성령에 이끌려(막 1:12) 광야로 나가 사십 주야를 금식하며 마귀의 시험을 받는다(마

4:2-3). 예수가 받은 가장 큰 유혹 중 하나는 그가 완전한 인간이 아니라고 상상하는 함정에 빠지는 것이었다. 이 함정을 이해한다면, 복음서에 기록된 예수의 세 가지 유혹은 모두 인간 구체성에 대한 완전한 헌신, 연대, 구현(embodiment)에서 멀어지게 하는 것으로서, 그의 사명에 대한 왜곡과 관련이 있다는 것을 알 수 있다.

예수는 돌을 빵으로 바꾸는 마법적이고도 결국은 이기적인 방법으로 지극히 인간적인 배고픔의 문제를 해결하고 싶은 유혹을 받는다. 예수는 마귀가 보여준 세상 왕국의 영광을 보며, 마귀에게 경배하고 그 대가로 그 왕국의 소유권을 받고 싶은 유혹을 받는다. 이는 권력이 행사되는 방식에 영향을 받는 모든 생명체의 구체적인 필요와 현실을 고려하지 않고 지배로 가는 지름길을 택하라는 유혹이다. 그리고 예수는 성전 꼭대기에서 몸을 던져 물리 법칙을 무시하고 그러한 상황에서 인간의 몸이 가질 수 있는 운명에서 자신을 면제하고 싶은 유혹을 받는다. 다시 말해 예수는 피조물과 같은 조건과 한계를 공유하는 완전한 인간이 아닌 다른 존재로 살고 행동하도록 유혹을 받는다.

요컨대 예수는 인간으로서 우리가 따라갈 수 없는 방식으로 세상에서 자신의 길을 가고자 하는 유혹을 받는다. 이러한 유혹에 직면하여 예수를 계속 땅에 발을 딛고 있게 해주는 분은 성령이시다. 마가는 "들짐승과 함께 계시니 천사들이 수종들더라"(막 1:13)고 기록했는데, 이는 아마도 우리가 악에 저항하려고 할 때 비인간 피조물과 호흡을 맞추는 것이 중요함을 시사하는 것 같다.

유혹을 성공적으로 이겨낸 후 세례 요한이 체포되었다는 소식이 전해졌다. 권력을 향해 진리를 전하고 예수 자신의 사역의 길을 열어준 친척이자 친구가 권력자들에게 탐탁지 않은 존재가 되었으니, 예수의 가슴은 얼마나 철렁했겠는가?

군사화된 경찰과 그 결과물인 감옥-산업 복합체의 변덕스러운 행태에 노출된 경험이 있는 사람이라면 누구나 사랑하는 사람이 국가에 위험한 사람, 깡패, 테러리스트라는 누명을 쓰고 현실적으로 방어할 가능성도 없이 갇혀 있을 때(또는 마태복음 4장 12절에 따르면 "체포되었다" 또는 문자 그대로 "넘겨졌다") 느끼는 끔찍한 감정을 알고 있을 것이다.

요한은 제국과 제국의 변덕에 속수무책인 상태이다. 세례 요한이 감옥에 있다는 말만 들었지만, 우리는 이미 요한이 수많은 예언자처럼 권력자들에게 귀찮고 위협적인 존재라는 이유로 죽임을 당할 것임을 짐작할 수 있다. 감옥에서 기적적으로 빠져나갈 길은 없을 것이다. 역사상 가장 위대했던 예언자(마 11:11 참조) 중 한 명이 제국의 기계에 의해 살육당할 것이다. 그러나 로마제국과 헤롯 안티파스와 같은 하찮은 왕들은 이미 오래전에 사라졌고, 세례 요한에 대한 기억은 여전히 우리 가운데 강력한 증거로 남아 있다. 제국은 예수와 마찬가지로 요한에게도 최종 결정권을 행사한 것이 아니었다.

예수는 요한이 체포되었다는 소식을 듣고 갈릴리로 물러났다. 그는 나사렛에서 살기 위해 그리로 돌아가지 않고 가버나움으로 간다. 그는 "회개하라 천국이 가까이 왔

느니라"(마 4:17)라고 설교하기 시작한다. 우리가 이 메시지를 복음 또는 "좋은 소식"이라고 부르는 주된 이유는 성육신한 나사렛 예수가 누구인지 알기 때문이다. 예수의 행동과 말은 하나님이 누구신지, 우리가 어떻게 풍성한 삶을 살 수 있는지를 알려주는 본보기이다.

예수를 안다고 해서 하나님이나 인간에 대한 우리의 모든 의문이 해결되는 것은 아니다. 그러나 우리는 예수에 대해 알고 있는 것만으로도 충분히 살 수 있다. 예수는 무엇보다도 하나님을 사랑하고 그와 동시에 우리 서로를 사랑하고, 자신을 사랑하고, 심지어 원수까지 사랑하라고 가르쳤는데, 그것만으로도 우리는 평생을 바쁘게 살기에 충분하다. 예수 덕분에 우리는 어떻게 살고 어떻게 죽을지에 대해 알게 되었다. 이는 우리 사회가 물질적 재화를 축적하고 타인을 통제하는 것에 집착하며, 개인과 사회의 문제를 폭력으로 해결하려는 데에 집착하는 것에서 충분히 해방될 수 있게 한다.

마태복음 4장 17절에 나오는 '회개하다'라는 단어는 '방향을 바꾸다', '돌아서다'는 뜻의 히브리어 테슈바(tshuva)를 반영한 것일 수 있다. 이 단어는 말 그대로 돌아서서 다른 방향으로 걸어가라고 도전한다.

이 변화에는 우리 몸 전체가 관여한다. 마음속에서만 일어나는 일이 아니다. "돌아서시오! 방향을 바꾸시오! 마음을 바꾸시오!"

이 구절은 명령형인데 여기서 예수는 단수가 아닌 복수형으로 말한다. 예수는 고립된 개인에게 말하는 것이 아니라 일단의 사람들에게 말하며 자신의 제자들의 공동체에 초대하고 있다. 예수는 항상 우리를 개별적인 사람으로 부르지만, 관계망의 일부인 서로 관련된 사람으로서도 부른다. 예수가 말하는 회개는 하나님의 은혜와 사랑을 받는 조건이 아니라, 우리에게 가까이 오셔서 당신을 따르라고 부르시는 성육신하신 예수 안에 체현된 은혜에 대한 응답이다.

예수는 하나님의 통치가 우리에게 가까이 오고 있고 실제로 이미 가까이 왔다고 선포하며, 그 다가옴에 반응하도록 우리를 초대한다. 요한일서의 저자는 이 가까움을 기억한다. "생명의 말씀에 관하여는 우리가 들은 것과 눈으로 본 것과 주목하고 손으로 만진 바니 곧 이 생명이 계시된 바요 우리가 보고 증거하노라"(요일 1:1-2). 완전한 인간이면서 완전한 하나님인 성육신하신 예수는 변화를 위해 움직여야 하는 온전한 사람으로 우리를 부르신다.

　"하나님의 통치가 가까웠으니 돌이키십시오!"

3장

예언자, 교사, 치유자

신약성경은 대부분 로마제국에 직접적이고 공개적으로 저항하면 탄압을 받고 멸망할 수도 있다는 것을 알고 있던 취약한 공동체의 경험에서 비롯되었다. 신약성경은 이러한 공동체에서 흔히 볼 수 있는 완곡어법, 아이러니, 다양한 의미를 가진 단어를 사용하여 제국에 대한 비판을 위장했다.[1]

우리는 비슷한 접근 방식을 미국의 노예들에게서 볼 수 있는데, 그들은 노예제로부터 탈출하는 길을 암호화한 메시지를 담아 영가를 작곡하고 퀼트를 만들었다. 공동체 외부 사람들은 이 메시지를 해독하기 어려웠을 것이다. 특히 우리 사회의 체계적으로 사면초가에 빠진 (대부분의 북미 흑인 및 원주민 같은) 계층에 속하지 않을 경우, 우리의 도전 과제 중 하나는 신약을 "아래로부터" 읽지 않는 한, 우리는 그 내용의 많은 부분을 놓치게 될 것임을 깨닫는 것이다. 우리는 예수의 강력하고 해방적인 메시지를 사유화하고(privatize) 훼손할 가능성이 높다.

우리가 초기 기독교 공동체의 사회적 위치를 기억할 때, 복음서에서 보여주는 예수와 하나님의 통치가 제시되는 방식이 훨씬 잘 이해되기 시작한다. 예를 들어 누가는 주(눅 1:35; 2:11), 구원자(눅 2:11, 30), 하나님의 아들(눅 1:35), 평화를 가져오는 자(눅 1:79; 행 10:36) 등과 같이 일반적으로 황제에게만 부여되었던 칭호를 예수에게 부여한다.[2] 누가는 예수가 하나님의 기름부음 받은 자(그리스도 또는 메시아)로서 제자들이 서로서로와 그리고 정치적, 경제적 권력을 가진 사람들과도 관계를 맺을 수 있는 새로운 방법을 제시했다고 말한다.

예수는 억압적인 위계를 뒤집어 먼저 된 자가 나중 되고 나중된 자가 먼저 되게 했다(막 10:44; 눅 14:8-11). 히브리 예언자들 사이에서 이미 두드러진 이 주제는 예수 운동의 특징이 되었다. 나사렛의 마리아가 예언적으로 말하듯이, 하나님은 권세 있는 자들을 왕좌에서 끌어내리시고 비천한 자들을 높이실 것이다. 하나님은 배고픈 자를 좋은 것으로 채우시고 부자를 빈손으로 보내실 것이다(눅 1:52-53).

마리아의 아들 예수는 바로 이러한 일을 하기 위해 노력한 예언자이자 치유자였으며, 권력자들의 폭력적인 계략을 분쇄하고 억압받는 사람들의 깊은 신체적, 심리적, 사회적 상처를 치유했다. 예수는 이사야서 61장 1-2절 말씀을 나사렛 회당에서 전하신 메시지(눅 4:18-19)에서 다음과 같이 쉽게 풀어서 말했다.

여호와의 영이 내게 임하셨으니
이는 가난한 자에게 복음을 전하게 하시려고
내게 기름을 부으시고
나를 보내사 포로 된 자에게 자유를,
눈 먼 자에게 다시 보게 함을 전파하며

눌린 자를 자유롭게 하고

주의 은혜의 해를 전파하게 하려 하심이라.

예수가 제국의 권력을 비폭력적으로 전복시킨 방법에 대한 강력한 예는 세 복음서에 나오는 카이사르에게 내야 할 세금에 관한 이야기에서 볼 수 있다(막 12:13-17; 마 22:15-22; 눅 20:20-26). 헤롯당과 바리새인 무리가 예수를 대적하여 덫을 놓고 황제에게 세금을 바쳐야 하느냐고 물었다. 그들은 서민들이 지불해야 하는 많은 세금과 관세로 인해 절망의 경계선에 있다는 것을 알고 있었다. 예수가 가난한 자들의 편에 서서 세금을 내지 말라고 공개적으로 말했다면 제국의 처벌을 받을 수 있었다.[3]

예수는 그들이 프레임을 짜서 던진 질문에 대답하지 않고 다른 질문으로 대답했다. 이는 주변부 사람들의 핵심 전략으로, 즉답을 피하고 주제를 논하는 방식을 신속하게 재구성하는 능력이다.

그는 동전을 달라고 하며, "이것은 누구의 머리이고 누구의 직책입니까?"라고 물었다. 그것이 황제의 형상이라는 사실이 알려지면서 논쟁은 다른 국면으로 전환되었다. 작은 동전이 카이사르의 것이라면 우주의 창조주이시며 주인이시고, 우리를 그분의 형상과 모양으로 지으신 하나님의 고유한 소유물은 무엇인가? 이에 대한 대답은 우리의 완전한 충성을 포함한 모든 것이다. "들을 귀"가 있는 사람이라면 누구나 하나님에 대한 충성이 무엇을 의미하는지, 그리고 그것이 어떻게 카이사르에 대한 충성을 제한하는지에 대한 강한 의미에 공감할 수 있다.

나중에 예수가 로마인들에 의해 처형되기 직전에 대제사장들과 서기관들 중에서 예수를 고발한 사람들은 이 이야기와 이야기의 사회정치적 의미를 언급했다. "우리가 보니 이 사람이 우리 민족을 미혹하고 카이사르에게 세금 바치는 것을 금하며 자칭 왕, 그리스도라 하더라"(눅 23:2). 그들은 그의 신중한 표현을 왜곡했지만, 예수가 지배적인 권력 구조에 의문을 제기하는 일종의 "왕"이라는 것을 올바르게 이해했다. 로마인들은 또한 무엇이 위태로운지 파악하고 예수를 처형함으로써 문제를 해결하려고 했다. 이 구절에 대한 해석의 역사에서 "카이사르의 것은 카이사르에게 주라"는 말은 종종 부당한 정치 권력의 권위를 옹호하기 위한 구실로 사용되었는데 그런 독해는 예수가 제안하는 것과는 것과 정반대로 읽는 것이다.[4]

하나님이 예수가 가르친 그 하나님이라면, 그리고 하나님이 진정으로 다스리시는 분이라면, 그 어떤 왕이나 권위, 권력, 통치자(principality)도 예수를 따르는 사람으로서 우리의 궁극적인 충성을 받을 자격이 없다. "카이사르"의 힘은 엄격히 제한되어 있으며 하나님의 길을 따르기 위해 그 권위에 불순종할 필요가 있다면 우리는 그렇게 하도록 부름 받았다. 부활과 성령 강림 후에 베드로와 다른 사도들이 말했듯이 "사람의 권위보다 하나님께 순종하는 것이 마땅하다"(행 5:29).

초기 그리스도교 공동체는 이러한 역학을 충분히 인식하고 있었다. 그리스도인들에 대한 박해가 산발적으로 이루어졌던 112년경에 소(小) 플리니우스(Pliny the Younger)

가 로마 황제 트라야누스(Trajan)에게 쓴 편지에서 이를 확인할 수 있다.

플리니우스는 그리스도인 중 집사 또는 목사였던 두 명의 노예 여성을 체포했다. 그들은 황제의 신성을 인정하기보다 고문을 당하면서도 "그리스도를 하나님으로" 고백하는 수상쩍은 행동을 했다. 플리니우스의 편지는 복음의 메시지가 취약한 사람들(이 경우에는 노예였던 여성들)에게 소중하게 받아들여졌고, 초기 그리스도교 교회에서 여성이 교회 지도자였다는 증거가 신약성경 외에도 존재한다는 것을 알려준다. 플리니우스는 여성의 신앙을 "비이성적인 미신"으로 간주하면서도 제국의 정책에 어떤 영향을 미칠지 불안해 했다.[5]

불의하고 폭력적인 현실을 감안할 때, "하나님의 것은 하나님께 바치라"는 명령은 계속해서 분별력을 키우는 지침으로 우리를 돕는다. 예수를 따르는 우리는 다른 사람보다 권력을 추구하고 필요하다면 폭력적으로 부를 축적하려는 사회의 지배적인 패턴에 섞이지 말라는 부름을 받았다. 오히려 우리는 "먼저 하나님의 통치와 하나님의 정의를 구해야 한다"(마 6:33, 저자의 번역).

예수는 하나님의 나라에서는 가난, 소외, 다른 형태의 압제 때문에 가장 위험에 처한 사람들이 최우선 순위에 있다는 것(눅 6:20-26), 부자가 하나님의 통치에 동참하는 것은 매우 어렵다는 것(마 19:23-24), 권력자들은 하나님의 통치에 폭력을 행사한다는 것(마 11:12), 하나님의 통치에 참여하기 위해 우리는 어머니 성령으로부터 거듭나도록 부름받았다는 것(요 3:5-8), 하나님의 통치는 비옥한 땅에 심길 때마다 신비롭고 아름답게 자라는 씨와 같다는 것(막 4:26-32)을 우리에게 가르친다.

예수는 정신적, 육체적 질병을 치유하는 사역을 통해 하나님의 통치가 특정 사람들의 삶에 어떤 의미를 갖는지 구체적으로 보여주었다. 예수는 입학시험이나 리트머스 테스트 등, 조건 없이 사람들을 치유했다. 이와 더불어 병자들은 치유 사역에 적극적으로 참여하기도 했다.

예수는 "네 믿음이 너를 평안히 잘 가게 하였느니라!"

(막 5:34; 마 15:28; 눅 7:50)라고 함으로써 질병을 치료할 때 병든 사람과 파트너십을 보여준다. 나사렛에서 사람들이 예수를 공격했을 때처럼 완고한 불신앙을 만나면 예수는 할 수 있는 일이 거의 없었다. "거기서는 아무 권능도 행하실 수 없어 다만 소수의 병자에게 안수하여 고치실 뿐"이었다(막 6:5).

반면에 예수를 믿어야 하는 사람이 항상 병든 사람일 필요는 없었는데 병에 걸린 사람의 친구나 가족인 경우도 많았다. 중풍병자의 친구들이 무리를 뚫고 지나갈 수 없어 예수가 가르침을 베풀고 있는 집 지붕을 통해 그를 침상 채 내려놓자, 예수는 그 병자를 고치는 이유가 친구들의 믿음이라고 하며 그 사람을 고쳐준다(눅 5:17-26).

수로보니게 여인은 처음에 예수가 자신의 딸을 치료하는 것을 주저하는 것 같을 때 자신의 딸을 치료해야 한다고 주장하기도 했다. 예수는 그 여인의 고집, 주장, 신학적 통찰력, 믿음에 깊은 인상을 받아 그 여인의 요구를 들어준다(막 7:24-29).

예수는 또한 교사로서 하나님의 통치를 구현한다. 그의 가르침 중 일부는 당시나 지금이나 이해하기 꽤 어려울 수 있다.

복음서에서 자주 볼 수 있는 장면인데, 제자들은 그가 의미하는 바를 이해하지 못했다. 실제로 현안이 무엇인지 이해하기 시작하려면 예수의 죽음, 부활, 성령 강림, 예수를 따르는 이방인들과의 만남을 다루는 것이 필요하다. 예수의 비유(놀랍게 뒤틀린 작고 아름답게 만들어진 삽화 vignettes)를 보면, 예수의 원래 청중에게도 우리에게도 그 비유는 혼란스러울 수 있고 혼란스러워지도록 고안된 것일 수 있다는 것을 깨닫게 된다.

예수는 비유를 사용하여 청중을 놀라게 하고 세상을 다르게 생각하도록 자극했다. 따라서 예수의 비유는 그가 비폭력적이면서도 효과적으로 "방어를 뚫고 나아가게"할 수 있게 해주기 때문에 "대결을 위한 도구"라고 불린다. 비유는 "대면하고 설득하기 위한 예언적 도구"이다.6

마가복음 4장에서 예수를 가까이 따르는 사람들이 그

의 비유(10절) 중 하나를 더 자세히 설명해 달라고 은밀히 요청했을 때 그는 이사야 말씀을 인용했다.

여호와께서 이르시되 "가서 이 백성에게 이르기를
'너희가 듣기는 들어도 깨닫지 못할 것이요,
 보기는 보아도 알지 못하리라 하여'
이 백성의 마음을 둔하게 하며
그들의 귀가 막히고
그들의 눈이 감기게 하라
염려하건대 그들이 눈으로 보고
귀로 듣고
마음으로 깨닫고 다시 돌아와 고침을 받을까 하노라."
(사 6:9-10)

이사야 구절의 컨텍스트는 이미 모든 것을 알고 있다고 생각하는 백성에게 보낸 예언자의 것이다. 예수는 우리가 알 수 있는 유일한 길은 먼저 우리가 모른다는 것을 깨닫는 것이라고 가르친다. 예수와 관련된 문제에서 종종 그렇듯이, 우리가 아직 이해하지 못한다는 것을 인정할 때만 그분이 누구이며 어떤 분인지 이해할 수 있기 때문에 예수와 관련된 문제는 역설적인 성격을 가진다. 예수는 우리가 하나님 통치의 패턴, 즉 우리의 전제를 불안정하게 만들고 개인적, 사회적 변화의 가능성을 열어주는 은총과 역설의 논리에 몰입하도록 우리를 부른다.

예수 가르침의 개방적인 성격에 대한 한 가지 예는 요한복음 4장에 나오는 사마리아 여인 이야기이다. 유대(예루살렘 주변 지역)에서 갈릴리로 가는 길은 사마리아를 통과했다. 가나 혼인잔치(요 2:1-12)와 니고데모와의 만남(요 3:1-21) 이후 예수와 일부 제자들은 유대 시골에서 시간을 보낸 후 북쪽으로 향했다. 그들은 수가에 도착해서 옛적 조상 야곱이 사용했다고 전해진 유명한 우물 옆에서 쉬었다. 왜냐하면 예수는 여행에 지쳤고 목이 말랐기 때문이다. 가나의 혼인잔치에서 물이 포도주로 변하는 표징이 예수의 신적 본성을 가리켰던 것처럼, 목마름은 예수의 지극히 인간적인 본성을 가리켰다.

예수는 우물가에서 우리에게 이름이 알려지지 않은 사마리아 여인을 만났다. 예수가 사마리아 여인과 대화할 때 "내가 메시아니 물 한 컵을 달라"는 말로 시작하지 않았다는 점은 주목할 만하다. 그는 겸손한 질문으로 시작한다. "목이 마른데 물 한 컵 주실 수 있습니까?"

예수 안에서 하나님은 우리를 대화로 초대하시고 우리가 할 수 있는 범위 안에서 하나님을 위해 무언가를 할 수 있는 기회를 주신다. 사마리아 여인에게 그 무언가는 우선 예수에게 물을 길어다 주고, 신학적 대화를 나누고, 마지막으로 자신의 공동체에 예수에 대한 소식을 알리는 것을 의미할 것이다.

대화 중에 사마리아 여인은 사마리아인과 유대인이 공유하고 있는 메시아에 대한 소망을 이야기한다(요 4:25). 약속된 메시아가 어떤 모습일지, 메시아가 어떤 모습으로 오실지에 대한 다양한 환상들이 많이 있었다. 일부는 유대 민족을 로마의 멍에에서 해방시킬 수 있는 군사 지도자를 바랐다. 다른 이들은 영적 지도자를 바랐다. 아마도 아무도 예수와 같은 메시아를 예상하지 못했을 것이다. 예수는 이사야서의 고난 받는 종(사 42:1-4; 49:1-6; 50:4-7; 52:13-53:12 참조)과 다니엘서 7장 13-14절에 언급된 "사람의 아들"이라는 종말론적(eschatological) 인물의 조합의 관점에서 자신의 사명을 이해했기 때문이다.

예수의 삶과 가르침은 선으로 악에 저항하고, 폭력과 대항 폭력의 순환을 끊고, 사회에서 가장 소외된 이들에게 가까이 다가가며, 동네 우물가에서 사마리아 여인과 신학적인 대화를 나누는 등 지배적인 규범이 부적절하다고 여길 수 있는 방식으로 행동하는 기름부음 받은 자의 예상치 못한 모습을 그려내고 있다.

요한복음 4장 26절의 메시아 기대에 대한 그녀의 확신에 찬 발언을 듣고 예수는 "내그리스도는, 곧 너희에게 말하는 사람이다." 여기서 "나는 ~이다"는 여러 수준으로 이해될 수 있다.

히브리어 성경에서 "나는 ~이다"는 하나님의 백성을

해방시키기 위해 행동하는 출애굽 하나님의 이름으로 사용되었다. 야훼라는 이름은 유대교 예전에서는 거룩한 분에 대한 존경심 때문에 발음하지 않으며(보통 '아도나이'라는 이름으로 대체됨), "나는 나인 자"(I AM WHO I AM) 또는 "나는 내가 될 자"(I WILL BE WHO I WILL BE)로 번역될 수 있다.

출애굽기 3장 13-14절에서 모세는 이스라엘 자손이 자기를 보낸 자가 누구냐고 물을 때 그들에게 뭐라고 말해야 할지 하나님께 묻는다. 하나님은 이렇게 말씀하신다. "너희는 이스라엘 자손에게 이같이 이르기를 스스로 있는 자가 나를 너희에게 보내셨다 하라."

요한복음에서 예수는 "나는 ~이다"라고 말할 때마다 아버지를 계시하고 성령을 보내는 아들로서 자신이 누구인지에 대한 기본적인 정보를 전달한다. "나는 ~이다"인 예수는 생명의 떡, 양을 위한 문, 선한 목자, 부활과 생명이며 창조 이전부터 항상 활동하는 영원한 하나님의 아들이다.[8] "나는 ~이다"는 이제 육신이 되어 길가에 앉아 정의와 빵과 물에 주리고 목마른 우리 인간의 현실을 공유한다. "네게 말하는 내가 그메시야이다"(요 4:26)라는 말씀은 사마리아 여인과 나눈 대화에서 계시의 정점이다.

남성 제자들이 돌아왔을 때 "예수께서 여자와 말씀하시는 것을 이상히 여긴"(요 4:27) 이유는 그들이 하나님의 통치가 얼마나 포괄적인지 아직 이해하지 못했다는 것을 보여주었다.

성령의 선물로 십자가와 부활 사건 이후에야 제자들은 은혜의 풍성함을 내면화하기 시작했다. 사실 교회 안의 우리는 예수가 대화하고 함께 시간 보내기를 좋아했던 규범적 유형에 속하지 않는 사람들에 대한 가르침을 여전히 배우려고 노력하고 있다.

요한복음 4장에는 사마리아 여인과 달리 남성 제자들은 어둠 속에 있는 것으로 묘사되어 있다. 여인은 마을로 돌아가서 사람들에게 이름도 모르는 예수와의 대화에 대해 이야기한다.

그녀는 단순하고 겸손하게 이렇게 말한다. "이 말을 들어보세요. 제가 메시아를 만난 것일까요?"라고 말한다. 여인의 설교 스타일은 간결하고, 효과적이며, 개방적이다. 그녀는 이 예언자, 교사, 치유자와의 만남의 의미에 대해 이야기하며 다른 사람들이 직접 그를 만날 수 있도록 문을 열어준다. 그렇게 함으로써 여인은 이미 예수의 발자취를 따른다는 것이 무엇을 의미하는지 배우기 시작했음을 보여준다.

십자가와 부활 이전의 예수에 대한 기쁜 소식을 전한 최초로 기록된 복음 설교자들이 권력자나 성공한 사람, 심지어 예수의 공식 제자 중에 있지 않았다는 사실은 매우 중요하다. 이들은 사마리아 여인과 예수가 고쳐주신 귀신 들린 거라사 사람에 대한 반응, "가서 예수께서 자기에게 얼마나 많은 일을 행하셨는지를 데가볼리에서 전파하매 모든 사람이 놀랍게 여기더라"(막 5:20)에서 보는 것과 같이 취약한 사람들이다.

이들의 이야기는 "막다른 골목에 처해" 사는 사람들이 있는 그대로 유지하고자 하는 기득권을 가진 사람들보다 예언자이자, 교사, 치유자인 나사렛 예수를 이해하는 것이 훨씬 더 쉽다는 것을 보여준다.

4장

———

처형당한 분

예수는 예루살렘 외곽의 골고다(해골의 장소)에서 국가의 적으로 로마제국에 의해 처형당했다.

로마 당국과 성전과 관련된 유대인 사제 계급은 모두 그의 메시지가 사회적, 정치적, 종교적 문제를 전복한다는 것을 깨달았다. 하나님의 통치에 관한 예수의 메시지는 제국이 신적인 것이 아니며 오직 하나님께만 드려야 할 존경을 받을 자격이 없다는 것을 분명히 했다. 예수가 "유대인의 왕"(마가복음 15:26)이라는 명패 아래 내란 음모죄로 기소된 두 사람과 함께 십자가에 못 박혔다는 사실은 불의에 대한 비폭력 저항이 얼마나 위험한 일인지를 보여준다. 제국의 관점에서 예수가 죽임당한 것은 잘못된 일이 벌어진 것이 아니라 가장 취약한 사람들 사이에서 행한 그의 사역의 자연스러운 결과이다.

그러한 처형은 매우 흔했다. 십자가 형벌은 로마의 식민지 지배를 받았던 사람들에게 제국의 헤게모니에 의문을 제기하는 사람에게는 폭력적이든 비폭력적이든 어떤 방식으로든 어떤 일이 일어날 수 있다는 것을 알리는 방법이었다. 로마인은 처벌과 협박의 한 형태로 한 번에 수백, 심지어 수천 명의 사람을 십자가에 못 박았다.

십자가는 대부분 비로마인과 노예를 위한 것이었다. 복음서에 묘사된 대로 예수를 죽이는 것은 십자가 형벌에 공통적으로 적용되는 다음과 같은 절차를 따른다. 즉, 처형 장소로 행진하기, 옷 벗기기와 채찍질, 범죄 혐의에 대한 설명이 적힌 나무 팻말, 팔과 발을 십자가에 못 박는 행위이다. 죽음은 대개 오랜 아픔과 고통을 겪은 후 점진적인 질식으로 찾아왔다.

십자가는 끔찍한 통제와 처벌의 수단이었다. 제국의 맥락에서 이러한 죽음을 어떤 식으로든 하나님의 계시와 현존과 연결시키는 것은 충격적이었을 것이다. 그러나 그

것이 바로 예수를 따르는 사람들이 부활 후에 한 일이다.

바울은 "우리는 십자가에 못 박힌 그리스도를 전하니 유대인에게는 거리끼는 것이요 이방인에게는 미련한 것이로되"(고전 1:23)라고 썼다.

우리가 지금까지 살펴본 것처럼 역설적인 언어는 예수에 대해 말하는 가장 효과적인 방법 중 하나일 때가 많다. 즉, 십자가에 달린 그분의 약함에서 우리는 하나님의 강함을 보고, 비천하고 멸시받는 것에서 우리는 하나님의 영광을 본다. 우리의 인간 형제인 예수는 십자가에서 죽음으로써 보복적 폭력(redemptive violence), 통제, 복수의 되먹임 고리(feedback loop)에 갇혀 있는 우리 인간이 서로를 위해 제공하는 지옥 같은 최악의 현실 속으로 연대하여 들어간다.

예수는 자신의 고통 속에서 하나님께 버림받았다는 느낌의 아픔까지 경험한다(막 15:34). 그러나 예수는 하나님으로서 우리의 손을 잡고 절망과 죽음, 파괴와 지배의 무덤으로부터 진리와 생명의 길로 인도한다. 그분은 인간인 동시에 하나님이기 때문에 이렇게 하실 수 있다.

초기 그리스도인들은 십자가를 주요 상징으로 즉시 받아들이지 않았다.

고전 시대에는 신들의 사자인 헤르메스를 양 또는 어린 송아지를 어깨에 메고 있는 어린 목동으로 묘사하는 경우가 많았다. 최초의 그리스도인들은 이 이미지를 양들을 위해 목숨을 바치는 선한 목자 예수(요 10:1-21)에게 재빨리 적용했다. 이는 예수를 따르는 사람들이 비밀리에 모였던 로마 카타콤 벽에서 여전히 볼 수 있다.

또한 예수를 따르는 사람들은 고대의 다른 일반적인 종교적 상징을 예수를 표현하는 데에 적용했는데, 지혜를 상징하는 "눈"을 가진 공작의 깃털(고전 1:24)과 "참 포도나무"인 예수에 접붙임을 받는 그를 따르는 사람들을 표현하기 위해 포도 잎(요 15:1-5)을 사용했다.[1]

시간이 흐르면서 십자가 형벌이라는 처형 방법이 폐기되고, 그와 관련된 공포가 가진 즉각적인 경험이 가라앉았을 때 십자가는 예수를 따르는 사람들 사이에서 예수의 길을 표현하는 상징으로 널리 알려졌다.

글을 쓰면서 아파트 창밖을 내다보니 반 블록 떨어진 성 니콜라스 가톨릭 성당의 길쭉하게 뻗어있는 검은색 첨탑 꼭대기에 십자가가 솟아 있다. 그 십자가는 우리 집 벽에 걸려 있는 다양한 장인의 십자가처럼 매일 나에게 시각적 시금석 역할을 하며, 하나의 밀도 높은 이미지로 복음 이야기 전체를 상기시켜 준다.

하지만 다른 종교를 가지고 있거나 가지고 있지 않은 친구들이 이 고대 고문 도구의 묘사에 둘러싸여 우리와 함께 식사를 할 때 나는 곰곰이 생각해보는데, 이 상징은 매우 복잡하고 모호하다.

유대인들에게 그것은 "예수를 죽인" 후손들로 비난받던 것을 고통스럽게 상기시키는 것일 수 있다. 그리스도교 신앙에 대한 직접적인 언급 없이 자란 사람들에게는 단순한 더하기 기호처럼 보일 수 있다. 또한 어떤 그리스도인에게는 십자가가 피와 유혈, 희생으로 가득 차 있어 효력 있는 신앙의 상징으로 여겨지지 않기도 할 것이고, 반면, 다른 그리스도인에게는 십자가에 대한 숭배가 더 큰 이야기를 가리키는 것이 아니라 그 자체로 끝이 될 수도 있다.

많은 사람은 희생의 관점에서 십자가의 의미를 설명한다. 예수는 우리 죄에 대해 정당하게 진노하신 하나님을 진정시키기 위해 우리 대신 죽임을 당한 희생양으로 이해된다. 그러나 예수의 가르침과 사역 가운데 그 어떤 것도 그러한 하나님을 가리키지 않는다.

오히려 그는 하나님을 "아빠"(Aabba)이시고, 말 안 듣는 아이를 간절히 기다리며 그의 귀환을 아낌없이 축하하시고(눅 15:11-24), 잃어버린 모든 양을 끈질기고도 친절하게 찾으시고(눅 15:3-7), 우리가 구하기도 전에 우리에게 필요한 것이 무엇인지 아시며(마 6:8), 우리의 필요에 간절히 응답하시는 분(7:11)이라고 말한다.

신약 성서에 묘사된 예수의 가르침에서 하나님은 인간 희생으로 달래야 하는 화난 폭군이 아니라 우리를 먹이고 입히시고 성장하도록 돕기 위해 우리를 찾는 분이시다.

히브리 예언자들에 따르면, 예수는 하나님이 희생이 아닌 자비를 원하신다고 가르쳤다(호 6:6; 마 9:13).

신약성경이 예수의 십자가 죽음을 말할 때 희생과 피의 속죄의 개념에서 파생된 이미지를 사용하긴 하지만(골 1:20; 요일 1:7; 계 1:5 참조), 그러한 언어가 의미하는 바를 더 살펴볼 필요가 있다.

히브리서 10장 11절은 예루살렘 성전에서 동물 제사를 드리는 제사장의 일상적인 활동에 대해 말한다(히 9:22도 참조). 그러한 제사 관행이 언뜻 보기에는 현대 북미 현실과 거리가 먼 것처럼 보일 수 있지만, 우리 사회에서는 산업 식품 생산 과정에서 잡히는 수백만 마리의 동물(특히 닭, 소, 돼지)이 건강하지도 않고 필요하지도 않은 식습관을 위해 매일 희생되고 있다.

우리의 생태 위기는 더 넓은 의미의 생물다양성(공기의 깨끗함, 토양의 비옥함, 깨끗한 물) 역시 경제적 이익이라는 이름으로 계속해서 희생되고 있음을 보여준다.

우리는 또한 젠더 폭력, 열악한 의료 서비스, 감옥-산업 복합체, 국가 "안보"를 위해 인간의 생명을 희생하고 있다. 많은 도시에는 많은 전쟁에서 전사한 군인의 이름이 적힌 기념비가 있는데 여기에는 "그들은 우리가 살 수 있도록 목숨을 바쳤습니다"와 같은 종교적 색채를 띤 문구가 적혀 있다.

종교적 담론은 종종 다양한 종류의 희생을 정당화하거나 심지어 조장하기도 한다. 그러나 히브리서에서 우리가 듣는 것은 하나님은 피의 제물이나 어떤 종류의 제사도 전혀 좋아하지도 원하지도 않으신다는 것이다.

하나님은 그리스도 안에서 유일한 제사장과 필요한 유일한 제물을 제공하셨다. 다시 말하면 하나님은 예수의 사역을 통해 제사 제도를 비우고 뒤집어 놓으셨다는 것이다. 우리와 함께 계시는 하나님이신 예수 그리스도는 자신의 생명을 단번에 드림으로(히 10:14) 우리를 온전하고 완전하게 만들었고, 그의 이름으로 제사 제도를 정당화하는 일에 종지부를 찍었다.

그러나 "희생" 또는 "대리적 속죄"라는 은유의 관점에서 예수의 십자가에서 일어난 일에 대한 이야기가 강요된 희생을 치르는 사람들에게는 특히나 유해한 희생정신을 정당화하는 기능을 하는지에 대한 질문은 여전히 남아있다. 이런 사람들은 우리 사회가 계속 작동하도록 연료를 공급하는 사람들로서 예를 들어 유색인 여성이나 불법체류 이주 노동자들이 있다.[2]

의심할 여지 없이, 약자들을 학대하는 형태 중 일부는 예수를 희생의 전형으로 간주함으로써 조장되었다. 그러나 히브리서 저자는 예수가 존재하고, 살았고, 행했던 모든 것을 통해 하나님께서 관대하게 죄를 용서해 주셨기 때문에 죄를 위한 더 이상의 희생이 필요하지 않다고 말한다(히 10:18). 그러나 이와는 반대로 희생이 필요하다는 주장이 있을 때나 희생에 대한 종교적 정당성이 거론될 때마다 예수가 한 일을 진정으로 이해하지 못하고 성령의 역사와 증거를 통해서 이루어진 진정한 성화를 알지 못한다(히 10:15).

예수를 따른다는 것은 우리 자신이 속죄의 "제물"이 되는 것이 아니라, 수탈적 자본주의와 백인 민족주의(white nationalism), 팽창적 군사주의의 거짓 신을 지향하는 희생 시스템을 무효화하는 것이다.

히브리서 저자는 인간이자 하나님, 제물이자 제사장 인 예수를 통해 희생이 모두 끝났으며, 용서와 새로운 삶 이 우리에게 주어졌다고 주장한다.

우리가 십자가에 대한 특정한 해석에 고착되면 제사장 이자 마지막 제물인 예수의 행위를 십자가에만 축소시키 게 되고, 성육신과 그분의 놀랍고 해방적인 삶과 부활을 잊게 된다. 우리는 십자가를 말할 때 사용되는 죄를 위한 제물, 속죄제 또는 희생의 은유를 접할 때마다, 그 은유들 은 하나님이 우리가 희생의 논리에 굴복하기를 바라지 않 으시며 오히려 그것을 끝내는 데 필요한 모든 것을 제공하 신다는 것을 지적하고 있음을 기억할 필요가 있다.

또한 신약성경에서는 십자가로 상징되는 그리스도 안 에서의 하나님 사역을 묘사하기 위해 화해(엡 2:16; 골 1:20; 고후 5:18-19), 우정(요 15:13-15), 입양(갈 4:5), 구속(롬 3:24),

해방(눅 4:18; 롬 8:21), 구원(요 4:22; 빌 2:12; 벧전 1:9; 유 3; 계 7:10) 등 다양한 유비가 사용되고 있다는 것을 기억하는 것도 중요하다.

십자가가 의미하는 바를 해석할 때 중요한 열쇠는 속죄 이론을 발전시키려고 하지 않는 것이다. 대신 예수의 삶과 죽음, 부활의 전체 이야기를 상징하는 십자가에 초점을 맞추는 것이 도움이 된다.

십자가는 결코 단독으로 해석되어서는 안 된다. 오히려 그것은 우리와 함께하시는 하나님의 더 넓은 이야기와 하나님의 창조, 해방, 변화의 역사로 들어가는 문이다.

십자가는 삼위일체 하나님이 예수 안에서 행하신 자비와 구원의 행위를 축약한 말이다. 십자가의 의미를 파악하는 것은 예수를 따르는 것, 즉 제자도와 함께 해야 가능하다.

십자가는 부활과 성령의 역사와 결코 분리되어서는 안 된다. 십자가에 대해 말하는 것은 "십자가의 말씀"(고전 1:18, ESV)이 생명을 주는 것은 오직 하나님의 영을 통해서만 가능하다는 것을 이해하는 것을 수반한다.

십자가에서 처형되신 분 안에서 우리는 하나님을 볼 뿐 아니라 하나님이 어떤 분이신지를 본다. 그분은 우리와 함께하시는 하나님, 우리 자신보다 우리에게 더 가까이 계시는 하나님, 우리가 삼위일체 하나님의 생명에 들어갈 수 있도록 기꺼이 우리처럼 되고자 하시는 하나님이다.

신학자 위르겐 몰트만(Jürgen Moltmann)이 말했듯이:

야곱의 꿈에서처럼 하늘이 열리는 것을 보았다고 가정해 봅시다. 하늘로 올라가는 사다리가 있고, 그 사다리를 타고 하늘로 올라갈 수 있어서 마침내 하나님을 직접 뵐 수 있었다고 가정해 봅시다. 거기서 누구를 찾아야 할까요? 구유에 누워 계신 아기를 찾아야 합니다. 십자가에 달리신 예수 앞에서 있는 우리 자신을 발견해야 합니다. 하나님을 보라(Ecce Deus), 하나님이 계시다.

십자가 상징의 가장 큰 힘은 고뇌, 사랑하는 사람의 죽음, 우리 자신의 임박한 멸망, 고통 받는 피조물의 깊은 고통(롬 8:19-23 참조) 등 우리가 어떤 상황에 직면하든 그리스도 안에 계신 하나님이 그 자리에서 우리와 함께하시며 고문, 폭력, 어둠, 고통이 우리 이야기의 끝이 되도록 허락하지 않으신다는 사실을 상기시켜 준다는 점이다.

5장

부활하고 높여진 분

예수의 이야기는 십자가 죽음으로 끝나지 않았으며, 그의 제자 무리만이 관심이 있는 것이 아니었다.

예수는 금요일에 처형되었다. 죽은 자 가운데서 부활한 지 사흘째 되는 주일 새벽에 빈 무덤을 남기고, "하나님이 그를 사망의 고통에서 건져내셨으니 이는 그가 사망의 권세에 매일 수 없었음이라"(행 2:24).

복음서에 따르면 부활한 주님을 가장 먼저 만난 사람은 안식일 후에 향유를 가지고 무덤으로 가서 그의 몸에 기름을 바르는 일을 마친 여성 제자들이었다(막 16:1-2). 일부 남성 제자들은 이 여성들이 부활한 예수와의 만남을 증언할 때 그 증언에 저항했다. 이는 그 이후로 여성의 설교와 증언을 반대하는 패턴인데 이 패턴은 교회를 떠나지 않고 계속 배회하고 있다.

그러한 저항은 예수의 가르침과 정면으로 부딪힌다. 누가의 기록에서 막달라 마리아, 요안나, 야고보의 어머니 마리아와 다른 여인들은 "어찌하여 살아 계신 분을 죽은 사람들 가운데서 찾으십니까?"라고 묻는 하늘로부터 온 하나님의 사자들을 만난다. 여인들이 남자 사도 무리에게 부활의 기쁜 소식을 전할 때, 여인들의 말은 남자들에게 "쓸데없는 이야기"로 들린다(눅 24:11).

마태복음에서는 막달라 마리아와 마리아라는 다른 여인도 그날 아침 일찍 무덤으로 간다. 그곳에서 그들은 남성 제자들에게 부활을 알리도록 명령하는 천사를 만난다. 그 직후 두렵고 기쁜 마음으로 달려가던 여인들은 부활한 예수를 만난다. 부활한 예수는 "무서워하지 말고 가라"(마 28:10)는 명령을 반복한다. 부활한 예수가 여인들에게 위임한 언어는 예레미야(렘 1:17-19)와 에스겔(겔 2:5-7; 3:8-9)과 같은 히브리어 성경의 예언자의 부름 이야기를 반영한다. 이 "독립적이고 의욕적인 여인들은 부활의 첫 증인이

자 교회의 첫 번째 선교사이다."1

부활한 예수는 죽고 부활하기 전의 행동에서 그러했듯이 여성과 권력자에 포함되지 않아 무시당하는 모든 사람의 말과 사역의 잠재력을 진지하게 받아들인다.

부활한 예수는 설득력 있고 개별화된 방식으로 그렇게 한다. 예를 들어 부활한 예수가 제자들에게 이름을 부르며 말한 요한복음에서 이러한 개별화된 방식을 볼 수 있다.

부활한 예수는 자신을 세 번 부인한 베드로(요 18:12-27)와 대화하며, 자신을 부인한 횟수와 똑같이 세 번이나 베드로를 애정 어린 목소리로 "요한의 아들 시몬"이라고 불렀다(요 21:15-19). 막달라 마리아는 자신의 이름을 부르는 예수에게 기쁨과 놀람으로 반응하며 "랍부니!"(나의 선생님!)라고 소리친다(요 20:16).

"이름을 부르는 것"은 히브리어 성경에서 하나님이 부르시고 소유를 주장하신 이스라엘의 인상 깊은 경험을 떠올리게 한다. "두려워 말라 내가 너를 구속하였고 내가 너를 지명하여 불렀나니 너는 내 것이라"(사 43:1).

사람의 이름을 부른다는 것은 그 사람이 잊혀지지 않았다는 것을 의미하거나 투명 인간이 아니라는 것을 의미한다. 그래서 북미의 경찰 폭력 반대 시위와 흑인 살해 반대 시위에는 종종 "그녀의 이름을 말하라!"와 같은 요구가 포함된다. 부활한 예수가 가장 먼저 하시는 일 중 하나는 마리아의 이름을 부른 것이다.

　제자와 부활하신 분의 만남은 흔히 상상하는 언데드나 귀신과의 만남처럼 두렵거나 기이하지 않다. 그 대신에 깊은 편안함과 친근함, 그를 계속 따라가야 한다는 도전이 담겨 있다.

　누가복음에 나오는 엠마오로 가는 길에서 예수를 만난 제자들은 이렇게 말했다. "길에서 우리에게 말씀하실 때와 우리에게 성경을 풀어 주실 때에 우리 속에서 우리 마음이 뜨겁지 아니하더냐?"(눅 24:32). 부활한 예수는 제자들에게 매우 친숙하면서도 놀랍게 다가오며, 제자들이 예수에 대해 알고 있는 것을 부정하지는 않지만 초월한다.

　처형당하고 부활한 분이 우리 각자에게 베풀 수 있는

측량할 수 없는 사랑과 개인적인 관심에 특별히 관심을 가졌던 노르위치의 줄리안(1343~ca. 1417)은 우리의 형제이자 구세주인 예수가 (부활에서 보듯이) 가장 높고, 가장 강한 분인 동시에 (십자가에서 못 박힌 것에서 보듯이) 가장 겸손하고 온유한 분이라고 진술한다. 이러한 역설 속에서도 우리는 그분은 여전히 공손하고, 위로가 되며, 우리를 어머니처럼 사랑하는 우리의 형제 예수임을 확신할 수 있다.[2]

사도행전 10장 34-43절은 하나님의 통치에 대한 예수의 메시지가 유대인뿐만 아니라 이방인을 위한 것이라는 예수의 부활 후에 베드로가 깨달은 이야기를 들려준다.

베드로는 그가 모은 친척과 친구들과 함께 이방인 고넬료를 방문한다. 베드로는 예수의 이야기를 나누기 시작한다. "하나님이 나사렛 예수에게 성령으로 기름 부으시고" 많은 사람이 목격한 대로, 그는 "두루 다니시며 착한 일과 병 고치는 일을 행하셨다"(38절). 그는 십자가에 못 박혔지만 "하나님이 그를 사흘 만에 다시 살리사 모든 백성에게 보이신 것이 아니요 오직 하나님의 증인으로 택하신 자 곧 죽은 자 가운데서 살아나신 후에 그와 함께 먹고 마신 우리에게 보이셨느니라"(40-41절). 베드로가 아직 말하고 있을 때 "성령이 말씀 듣는 모든 사람에게 내려오셨다"(44절).

부활에 대한 이러한 짧은 단상(vignette)은 부활에 대한 다음과 같은 여러 가지 핵심적인 차원들을 보여준다. 즉, 부활은 하나님의 역사이며, 예수와 그의 사역을 입증하고, 육체적이고 물질적인 차원을 포함한다는 것이다.

부활한 분은 죽기 전에 한 것처럼 그를 따르는 사람들과 함께 먹고 마신다. 부활은 성육신과 마찬가지로 우리 몸의 존엄성과 중요성, 피조물의 물질성을 보호한다. 그리스도교 신앙은 육체가 가치가 없다고 말하려는 유혹을 받을 때마다 이 마지막 보루(bulwark)에 부딪친다. 우리의 육신은 성자 하나님이 육신이 되었고, 죽었을 때 육신으로 부활했을 정도로 엄청난 가치가 있다.

우리가 예수의 발자취를 따르기로 헌신하는 사람들의

공동체로서 주의 만찬을 거행할 때, 떡과 포도주는 우리를 위해 살아 계신 그리스도의 몸과 피가 된다(막 14:22-26; 마 26:26-30; 눅 22:17-19; 고전 11:23-26 참조).

우리는 예수의 이름으로 함께 먹고 마시면서 그가 친구, 가족, 제자들과 식탁 교제를 즐겼던 것을 기억한다(요 2:1-11; 또한 마 9:10-13; 11:18-19; 눅 7: 33-34). 그는 심지어 원수들과도 기꺼이 함께 식사했다(눅 7:36-50; 11:37-42 참조). 우리는 그가 굶주린 무리를 먹인 일(막 6:30-44; 8:1-9; 요 6:1-14)과 부활 후에 제자들과 함께 식사한 일(눅 24:30-31; 요 21:9-13)을 기억한다. 우리는 또한 다가올 성대한 종말론적 만찬을 기대한다(마 22:1-13; 눅 14:16-24).

우리는 사도행전 10장에 나오는 베드로의 설교에서 예수와 함께 있던 예수를 따르는 사람들만이 부활의 증인이 되었음을 알 수 있다. 바울의 기록에 따르면 수백 명이 있었지만(고전 15:3-8), 부활한 분을 만난 사람들은 모두 어느 정도 제자도에 참여했던 것 같다. 이런 사실을 바탕으로 우리는 우리가 예수를 따를 때 새로운 시야와 이해가

열린다는 것을 거듭 알게 된다.

나사렛 예수를 육신으로 만날 수 없는 고넬료와 같은 우리에게는 보혜사이신 진리의 영의 역사로 부활한 분을 만날 수 있는 가능성이 남아 있다(요 14:16-17; 15:26-27; 16:12-14 참조). 베드로전서 1장 8절에 "이제는 너희가 그를 보지 못하나 믿고 기뻐하느니라"고 표현되어 있다. 이와 마찬가지로 부활하신 그리스도는 요한복음 20장 29절에서 "보지 못하고 믿는 자들은 복되도다"라고 말씀하신다. 성령은 예수를 기꺼이 믿고 따르는 사람이라면 누구나 부활한 분과 깊은 관계를 맺게 해주신다.

믿음의 문제에서 항상 그렇듯이 우리가 믿음으로 부활한 분을 따른다고 하더라도 의심과 질문은 생기기 마련이고, 의심과 질문은 부활한 분을 만나는 경험에 포함된다.

쌍둥이 도마는 종종 "의심하는 도마"라고 불리는데 그 이유는 예수 부활 소식을 다른 사람들에게서 들었을 때 그 소식에 대해 회의적이었고, 예수의 상처에 손을 넣게 해 달라고 요구했기 때문이다(요 20:24-25). 그러나 믿으면서도 의심한 사람은 도마뿐만이 아니었다. 부활한 예수가 제자들에게 나타난 마지막 순간에도 "그를 뵈옵고 경배하나 아직도 의심하는 사람들이 있었다"(마 28:17).

부활은 하나님의 약속된 미래가 현재로 들어오는 것이기 때문에 그것을 처리하고 이해할 수 있는 우리의 능력을 뛰어넘는다. 부활은 시체의 소생에 관한 것이 아니라 새로운 차원의 시간과 공간을 새롭게 경험하는 것에 관한 것이다. 부활은 필멸의 삶에 내재되어 있는 죽음의 필연성과 최종성을 전복시킨다. 건전한 의심과 변혁적 기대가 뒤섞인 채 부활을 마주하는 것은 지극히 자연스럽다.

바울은 예수의 부활을 추수의 "첫 열매"로 묘사하는데 이 추수에는 우리도 포함될 수 있다. 이 생명의 추수는 하나님의 선한 창조 세계에 해를 끼치는 파괴와 죽음의 세력이 모두 말소됨으로써 끝날 것이다(고전 15:23-26).

바울이 부활을 설명하기 위해 사용한 비유는 낟알을 맺기 위해 죽어야 하는 씨앗 비유이다. 씨앗과 식물 사이에는 차이와 연속성이 있으며 우리의 현재 몸과 부활하신

분의 형상과 모양으로 일으킴을 받을 우리의 영적인 몸 사이에도 마찬가지로 그 두 가지가 존재한다(35-49절). 바울은 성육신하신 예수가 십자가의 쓰라린 죽음까지도 포함하는 우리의 복잡한 경험 모두를 함께 나눈 것과 마찬가지로 우리도 하나님이 죽을 것에서 죽지 않을 것, 썩을 것에서 썩지 않을 것(53-54절)으로 일으켜주시는 예수의 경험에 참여하게 될 것이라고 가르쳐 준다.

예수의 부활은 희망을 가져다 주지만 세상에는 변함없이 불의가 존재하고, 이런 사실은 예수를 따르는 우리에게 애통과 슬픔이 여전히 현실의 일부라는 것을 의미한다. 진정 부활한 분이 십자가에 못 박힌 분으로 그 몸에 십자가의 흔적을 지니고 그것을 숨기지 않는 것처럼, 우리의 희망 속에도 애통이 항상 존재한다. 애도가 절망이나 자포자기와 같은 것이 아닌 것처럼 부활의 희망을 맹목적인 낙관주의나 희망 사항과 혼동해서는 안 된다.

희망이란 불의한 현실에 순응하는 것이 아니라 변화를 상상하는 것을 의미한다. 즉, 희망이 있으려면 먼저 지금과 같은 상황이 용납될 수 없다는 인식이 있어야 한다. 애도는 현실과 현실에 존재하는 불의에 대한 정직한 대면에서 비롯된다. 그러나 애도의 핵심에는 상황이 이런 식일 필요는 없다는 기대가 존재한다.

우리의 저항과 인내, 애도 속에는 변화에 대한 희망의 불꽃이 타오르고 있다. 다시 말해 부활한 분 안에서 십자가에 못 박힌 분을 보고, 십자가에 못 박힌 분 안에서 부활한 분을 보는 것처럼, 우리의 희망 속에는 애통이 있고, 애통 속에는 희망이 있다. 우리가 그 길을 계속 가겠다는 결의를 다지게 하는 정의를 향한 기대감을 제외하면, 우리는 아직 새 하늘과 새 땅을 보지 못했다.

예수는 폭력을 폭력으로 대응하기를 거부했고, 십자가에서 영구히 침묵하고 패배한 것처럼 보였지만, 실제로 일어난 일은 악의 세력에 의한 멸망이 아니라 오히려 그 세력의 전복이었다. 그가 당한 처형 이야기 결말은 죽음이 아니라 삶이었고, 증오가 아니라 사랑이었고, 폭력이 아니라 비폭력 저항이었다.

신학자 비토 웨스트델(Vítor Westhelle)이 지적했듯이, 폭동(insurrection)과 부활(resurrection)은 밀접한 관련이 있지만, 전자가 후자의 의미를 완전히 포괄할 수는 없기 때문에, 예수의 부활은 예수를 따르는 사람들이 지배 체제의 결에 반하며 행하는 비폭력 폭동의 가능성을 보여준다. 부활은 우리에게 "완전한 패배 속에서도 변혁의 힘이 있고, 아무것도 없는 것에서도 창조하는 힘이 있음을 깨닫게 한다."[3]

신약성경에서 예수는 십자가에 못 박히고 부활한 분으로 묘사될 뿐만 아니라, 고양되고 승천한 분으로도 묘사된다.

승천은 실제로 일어난 사건을 묘사하지만, 부활의 경우처럼 언어 표현 능력을 뛰어넘는 사건이다. 누가는 히브리 성서의 이미지, 즉 하나님의 임재와 활동을 연상시키는 구름(출 14:19-20, 24:15-18, 시 105:39), 옹호와 권위의 상징인 "하나님 우편에 있는 자리"(시 110:1)를 사용하여 이 장면을 그려낸다. 예수는 제국이 형을 내린 십자가로

"올려지신" 것이 아니라 우리와 모든 피조물과 함께 누리는 영원한 생명으로 "올려지셨다"(행 1:9).

부활한 그리스도는 현재 시공의 한계를 초월하는 육체를 가지고 있지만, 그는 우리 중 한 사람으로 즉 우리의 스승이자 형제이며 친구로, 또한 완전한 인간이자 완전한 하나님으로 육체적으로 그리고 물질적으로 승천하신다.

부활한 분은 "예루살렘에서 시작하여 모든 나라"(눅 24:47)와 "땅 끝까지"(행 1:8) 성령 안에서 그리고 성령으로 우리 각자가 접근할 수 있는 분이다.

예수는 때가 되면 다시 오실 것이라고 약속했지만, 그분을 따르는 우리에게는 멍하니 하늘만 쳐다보고 서 있지 말라는 지침이 있다(행 1:11). 우리는 새 하늘과 새 땅을 기다린다(벧후 3:13; 계 21:1). 이러한 변화에 대한 희망은 현재 우리의 행동에 활력을 불어넣는다. 우리는 현재의 상황과 현실을 바라보고, 성령의 도움을 받아 불의와 죽음, 파괴가 마지막 말이 아니며 예수의 길은 궁극적으로 모든 피조물을 풍성한 생명(요 10:10)으로 인도한다는 역설적

인 사랑의 힘(행 1:8)을 우리 시대에 행사하는 방법을 발견
하도록 초대받았다.

6장

성령에 의해
예수를 따르다

예수 당시에는 랍비가 제자를 부르는 것이 이례적인 일이었다. 보통 그 반대였는데 앞으로 제자가 될 가능성이 있는 사람이 스승의 발 앞에 앉을 것을 요청받는다. 그러나 복음서에는 예수가 "나를 따르라"(막 1:17-18; 막 2:14; 눅 5:27; 마 8:22; 요 1:43) 또는 "와서 보라"(요 1:39)며 제자들을 개별적으로 부르는 장면이 여러 번 묘사된다.

이러한 명령은 예수의 정체성에 대한 또 하나의 힌트이다. 즉, 오직 하나님만이 사람들을 이런 식으로 부를 수 있는 특권을 가지고 있으며, 이 랍비는 단순한 선생이 아니라 하나님만이 할 수 있는 방식으로 거듭 행동하는 사람이라는 것이다.

우리는 이것을 마태복음 4장 18-22절에 나오는 어부들을 부르는 이야기에서 분명히 확인할 수 있다.

　예수는 누구에게도 응답을 강요하지 않지만 주도권을 잡고 있고, 그의 권위는 분명해 보인다. 어부들은 그물과 배, 생업을 뒤로한 채 자유롭게 예수를 따른다.

　갈릴리바다의 어부들은 힘든 일, 불확실한 바다에서 배를 타고 밤을 지새우는 일, 무거운 그물을 운반하고 수리하는 일에 익숙했다. 제국 전역에서 갈릴리산 어류 제품에 대한 엄청난 수요가 있었지만 그들의 불안정한 수입은 헤롯 안티파스 정권이 요구하는 세금과 통행료로 인해 끊임없는 압박을 받았다. 제자들에게 예수를 따른다는 것은 자신들의 기술을 추구하면서 쌓아온 참을성, 힘, 인내심을 사용할 수 있는 새로운 방법을 찾을 수 있다는 것을 의미했다. 예수는 어부들에게 제국의 이익이나 개인의 부나 권력을 추구하기 위해서가 아니라 모든 피조물을 위한 하나님의 정의와 평화의 통치를 기대하면서 열심히 일할 기회를 주었다.

　예수를 "따르겠다"는 어부들의 결정에는 초기의 믿음

의 고백이 포함되어 있다. 늘 그렇듯이 예수가 누구였는지, 누구인지, 앞으로 누구인지를 묻는 질문에 대한 중요한 대답은 그분을 따른다는 것이 무엇을 의미하는지와 밀접하게 연결되어 있다.

어부들은 예수의 길에서 하나님의 정의와 은혜를 만나게 되리라는 기대를 가지고 "바랄 수 없는 중에 바라면서"(롬 4:18) 옛 삶의 방식을 버리기 시작한다. 그들의 이야기는 제자도는 예수에 대한 특정 "사실"을 믿는 것이 아니라 구체적인 상황에서 희망을 가지고 구체적이고 물질적인 방법으로 그를 따르는 것이라는 초기 그리스도교 공동체의 통찰을 반영한다.[1]

예수는 자신과 가까운 사람들만 부른 것이 아니다. 마가복음 8장 34절에 보면 "무리와 제자들을 불러 이르시되…"와 같이 예수는 제자들과 나란히 그리고 함께 군중, 무리, 평민을 부른다. 그는 선택된 소수에게만 관심을 두는 것이 아니라, 멸시받는 대중, 무분별한 군중, 이 땅의 비참한 이들에게도 관심을 기울인다.

동시에 그는 자신의 부름을 개인적인 것으로 만든다. 즉, 누구든지(단수: 어떤 인간이든, 연령에 상관없이) 나를 따르고자 하고, 나를 따르고자 하는 열망이 있고, 나를 따르기를 원하고, 의향이 있으면, 그 사람이 할 수 있는 일은 다음과 같다. "자기를 부인하고 자기 십자가를 지고 나를 따르는" 것이다.

예수가 계획한 방식대로, 사람이 그를 따르기를 열망하는지 여부를 분별하는 것이 중요하다. 그는 부름을 받는 사람의 선택의지를 전적으로 존중한다. 예수는 "돌다리도 두드려 보기 전에 뛰어라"라고 말하지 않고, 오히려 "당신이 정말로 이 일을 하고 싶은지를 생각해 보라"라고 말했다.

예수는 제자도에 대한 개인적인 헌신과 사람들의 의지에 반하는 행동을 강요하지 않는 것이 중요하다는 것을 잘 알고 있다. 그러나 곧바로 예수는 자주 그렇듯이 "자신을 부인하라!"는 놀라운 요구를 한다. 후자의 명령은 언뜻 보기에 그를 따르는 사람들을 무력화시키는 것처럼 보이지만, 곧 알게 되겠지만 오히려 그 반대가 사실이다. 예수는 그를 따르는 사람들을 폭력, 축적, 통제의 패턴에 종속된 삶의 방식에서 성령에 의한 해방과 변화의 역설적인 가능성의 삶의 방식으로 옮겨준다.

사회에서 큰 힘을 발휘하지 못하는 사람들은 직간접적으로 자신이 진정한 가치가 없으며 온전한 인간이 아니라는 말을 끊임없이 듣는다. 이와는 대조적으로, 예수는 사역 내내 사람들, 특히 그의 사회에서 권력자들로부터 가치를 인정받지 못하는 사람들의 복지를 돌보는 데 시간을 할애했다. 예수는 그의 행동과 말에서 가장 연약한 사람부터 각 사람이 본질적으로 가치가 있음을 보여주었다.

그가 마가복음 8장 34절(눅 9:23 및 마 16:24 참조)에서 그를 따르는 사람들에게 "자기를 부인하는" 것에 대해 말하는데, 이 말의 의미는 지배적인 사회적 규범과 가치가 그들에게 부과한 왜곡된 자신의 모습을 모두 부인하라는 부르심이었다. 예수는 그들이 그 부르심에 응답하는 대가로 그들이 하나님의 형상대로 지음을 받고(창 1:27) 하나님의 사랑을 받으면서(요일 4:16) 온전하게 되고, 번성하고, 진정한 자신이 되는 선물을 받을 것이라고 약속한다.

참으로 예수는 역설 속으로 우리를 부른다.

우리 자신의 목숨과 운명을 이기적으로 꽉 붙잡으려고 한다면 궁극적으로 잃게 되지만, 우리의 목숨을 제자도의 길과 복음의 좋은 소식에 아낌없이 바친다면 결국 구할 수 있다(막 8:35). 우리는 자신을 찾기 위해 "자신을 잃는다." 우리는 우리의 인간성, 우리의 꿈, 우리의 상상력을 무효화하라고 요구받는 것이 아니라 하나님의 은혜로 참으로 인간답게 살아갈 수 있는 자유의 길을 가게 되었다.

우리는 예수가 제자들의 발을 씻겼을 때처럼 자유롭게 다른 사람들을 섬길 수 있는 자유를 얻었다. "너희가 나를 선생이라 또는 주라 하니 너희 말이 옳도다 내가 그러하다 내가 주와 또는 선생이 되어 너희 발을 씻었으니 너희도 서로 발을 씻어 주는 것이 옳으니라"(요 13:13-14).

생명을 잃음으로써 생명을 얻는다는 역설은 영적으로만 해석할 수 없고, 경제적, 사회적 의미도 담고 있다. 복음서에는 매우 독실하고 "영생을 상속받기"(막 10:17)를 원하는 부자가 예수를 찾아오는 이야기가 있다.

예수는 부자에게 많은 소유물을 붙들고 있는 자신의 손아귀에서 해방되어야 하며 재물을 가난한 사람들에게 나눠주어야 한다고 말했을 때, 그 사람은 충격과 슬픔으로 반응하며 돌아섰다(22절). 그러자 예수는 제자들에게 재물을 가진 사람들이 하나님의 통치 방식에 동참하는 것이 얼마나 어려운지 말했는데, 이것은 제자들을 당황스럽게 하고 곤란하게 만들었다.

우리 중 대부분이 그렇듯 제자들도 부자들이 하나님의 특별한 사랑을 받지 못하다는 사실을 믿을 수 없었다. 베드로는 제자들이 모든 것을 버리고 주님을 따라오면 그 대가로 무엇을 받게 될지 예수에게 묻는다.

예수는 대답을 통해 잃는 것과 얻는 것의 역설을 계속 말한다. "지금 이 시대에" 제자들은 돈이 아니라 공동체("형제와 자매, 어머니와 자녀")와 목숨을 부지할 방법("집"과 "밭")을 "백배"로 받을 것이다. 그러나 현재의 축복에는 박해와 "내세에 받을 영생"이 섞여 있을 것이다(28-30절).

예수의 길에는 큰 기쁨도 있지만 자본주의, 군사주의, 인종주의, 계급주의, 성차별주의 등 인간에 대한 지배력을 계속 강화하기 위해 인간의 생명을 희생해야 하는 거짓 신들에 맞서 싸우는 데 수반되는 내재된 어려움과 장애물도 있다. 예수를 따른다는 것은 지배 체제의 상식을 완전히 뒤집는 논리 속으로 들어가는 것이다. "그러나 먼저 된 자로서 나중 되고 나중 된 자로서 먼저 될 자가 많으리라"(31절).

예수가 제자로 부를 때 마지막으로 중요한 차원 중 하나는 바로 "네 십자가를 선택하라(또는 마가복음 8장 34절에서처럼 '지라')"는 것이다.

이것은 예수의 철저하게 급진적인 정직함을 보여주는 예이다. 제자 훈련에는 대가가 따른다. 예수의 길을 걷는다는 것은 참으로 정사(principalities)와 권세를 화나게 하는 길을 걷는 것이다. 부활의 생명은 죽음을 이기는 것이지만 항상 즉각적이거나 쉬운 것은 아니다. 제국은 통제

수단으로 반격을 시도하는데, 그 수단에는 빵과 오락과 같은 대중을 사로잡는 임시방편, 경찰 탄압, 대량 투옥, 불체자 추방, 감당할 수 없는 의료보험, 전쟁과 폭력, 행정명령 등이 있으며, 늘 그렇듯이 사업에 문제를 제기하는 사람들을 징계하고 처벌하는 이와 같은 수단들은 많다.

우리는 "우리 십자가를 선택하는 것"이 고통과 고통을 찾아다니는 마조히스트가 되는 것을 의미한다고 섣불리 결론을 내려서는 안 된다.

고통은 다가오는 것이지 적극적으로 찾을 필요가 있는 것은 아니다. 고통은 항상 어떤 형태로든 다가오는데, 이것이 유한한 우리 인간 존재의 현실이기 때문이다. 예수를 따르는 사람으로서 우리는 예수를 따르는 것이 모순과 어려움, 심지어는 죽음과 반대를 수반할 수 있다는 것을 알고 있으며, 때로는 그리스도의 이름을 주장하는 사람들의 반대에 부딪힐 수도 있다는 것을 알고 있다.

투쟁은 인간 사회에서 수반되는데 이 영역이 매우 폭력적이고 왜곡되어 있기 때문이다. 그러한 고난은 그 자체로 끝이 아니며, 예수를 따르는 궁극적인 현실도 아니다. 고통도 죽음도 최후의 말이 아니다. 그러나 역사 속에서 예언자, 진리를 말하는 사람, 화평케 하는 사람, 정의를 행하는 사람들이 종종 박해를 받아왔다는 사실을 고려할 때, 예수와 동일시하는 데 따르는 대가(눅 14:25-33)를 현명하게 고려하라고 예수는 당부한다.

예수는 자신의 철저한 급진성과 우리가 삶으로 그를 따르는 대가를 정직하게 고지했음에도 수세기 동안 그리스도인은 이 불편한 진실을 종종 모호하게 만들었다. 북미의 맥락에서는 이것은 종종 사유화와 환원주의(reductionism)를 통해 발생한다. 예수를 사유화하고 축소할 때, 우리는 예수를 감상적으로 만들고 달콤한 위약(placebo)으로 간주하여 그의 철저한 급진성과 낯섦을 지워버린다.

예수는 제자들에게 앞으로 일어날 많은 거짓 그리스도와 선지자에 대해 경고했다(마 24:5, 11, 24). 영화롭고 달콤한 예수는 우리 사회가 우리에게 제공하는 수많은 거짓 그리스도 중 하나일 뿐이다. 또 다른 예수는 체계적인 인종

차별과 폭력을 옹호하기 위해 사용되는 백인 민족주의의 그리스도이다.

이와는 완전히 대조적으로, 우리가 삶으로 따를 가치가 있는 예수는 가난한 사람 중의 가난한 사람, 갈릴리 사람, 목수, 피부색이 갈색인 나사렛 예수이며, 진리, 자비, 정의, 변화의 하나님이 성육한 분으로 고백하는 분이며, 풍성한 삶으로 우리를 부르는 분이다.

예수는 자신이 행하고 가르친 일을 상기시키고 앞으로 나아갈 방법을 분별하도록 도와줄 "또 다른 보혜사"를 약속했는데, 그분은 우리가 상상조차 할 수 없다고 생각했던 일을 하도록 인도하는 불, 생명, 변화, 사랑의 성령이다(요 14:16-17).

예수의 기쁜 소식은 성령의 역사 없이는 '예수가 우선순위로 삼은 바로 그 사람들을 위해 성육신한' 기쁜 소식이 될 수 없다. 성령은 여성, 성소수자, 유색인종, 장애인, 정신건강에 어려움을 겪는 사람, 불법 체류자, 난민과 망명자, 가정 폭력 생존자, 거리 폭력의 순환에 갇힌 사람,

지속 가능한 일자리를 찾지 못하는 사람, 궁극적으로 이 세상의 "일상 업무"에 만족하지 못하는 모든 사람에게 복음이 어떻게 좋은 소식인지 우리에게 보여주는 분이다.

복음은 성령에 의해 오늘, 지금, 여기에서 상황을 뒤흔들고 새로운 일을 하도록 인도할 때 좋은 소식이다(사 43:19, 롬 6:4, 고후 5:17 참조).

예수의 길로 나아가면서 우리는 오늘날 구체적인 상황 속에서 우리의 보혜사이자 상담자인 진리의 영의 도움을 받아 예수를 따르도록 부름받았다. 우리는 단순히 갈릴리 출신의 순회 목수 랍비를 모방하지 않는다. 우리는 그가 우리에게 가르쳐 준 방식과 그의 영의 능력으로 새로운 길을 따라 삶의 새로움 속에서 걷는다. 우리는 예수와 같아지기 위해 그의 복제품이 되는 것이 아니라, 우리의 모든 영광스러운 변이와 특수성 속에서 진정으로 우리 자신이 될 때 그와 가장 비슷하다.

성령의 도움을 통해 우리는 성경을 공동체와 함께 해석함으로써 신앙의 사유화에 대응할 수 있다.

성경은 우리를 복음서와 예수님에 관한 이야기로 돌아가게 하고, 우리 시대와 장소에서 발생하는 질문을 던지게 한다. 우리는 다른 사람들이 매우 다르고 실제로 우리와 가까운 신앙 공동체에 속하지 않더라도 다른 사람들의 말에 귀를 기울이는 법을 배울 수 있다.

우리는 함께 이런 것들을 알아낸다. 그렇게 할 때 몇 가지 핵심 질문을 스스로에게 던지는 습관을 들이는 것이 좋다. 즉, 예수의 행동, 말, 삶의 방식이 교회 안팎의 거짓되고 왜곡된 메시아와 예언자를 꿰뚫어 보는 데 어떻게 도움이 되는가? 공동체로서 복음서를 주의 깊게 공부하는 것이 지금 여기에서 제자로서 어떻게 살아야 하는지 알아내는 데 어떻게 도움이 되는가?

예수는 군중(반드시 그를 따르는 사람들로 구성되지는 않음)과 제자(그분을 적극적으로 따르는 사람들) 모두에게 말했다. 그의 메시지는 양쪽 모두를 위한 것이다. 열성적으로 그를 따르는 사람으로서 우리는 어떻게 군중의 말에 귀를 기울이고 우리 주변의 가장 긴급한 필요에 충실하게 응답할 수 있는가? 십자가를 지고 예수를 따르는 방법을 배우는 데 있어 성령의 도움을 받으라는 제안을 어떻게 진지하게 받아들일 수 있는가? 우리 이웃과 공동체에서 시작하여 성령은 우리에게 지금 무엇을 하라고 부르시는 것인가? 우리가 예수를 따른다고 말하지만, 제자도의 열매가 정의와 평화로 이어지지 않는 것 같을 때마다 우리 자신과 신앙 공동체의 삶을 재검토해야 할 때이다.

우리는 예수가 살았던 방식(마 7:15-20)을 더 자세히 살펴보고 우리가 진정으로 그분의 발자취를 따르고 있는지 자문함으로써 성령의 도움으로 그렇게 할 수 있다. 우리는 예수가 살았던 방식을 더 면밀히 조사하고(마 7:15-20), 우리가 참으로 그분의 발자취를 따라 걷고 있는지 자문함으로써 성령의 도움으로 그렇게 할 수 있다.

이러한 식별은 문제의 핵심으로 돌아가게 해주는데 이 핵심은 예수가 누구인지 기억하고 그분을 따른다는 것이 무엇을 의미하는지 함께 알아내는 것이다. 예수는 누구인가? 하나님이자 우리 중 한 분이신 분, 즉 "우리를 남매라고 부르기를 부끄러워하지 아니하시는"(히 2:11, 저자의 번역) 우리의 형제이다.

예수는 빛과 치유와 변화를 가져오기 위해 왔다. 그분을 따른다는 것은 무엇을 의미하는가? 성령에 의해 예수를 따른다는 것은 우리 삶과 세상을 혁명적으로 새롭게 하시는 하나님의 사랑 속으로 더욱 깊이 들어가는 것을 의미한다.

비폭력 저항과 정의의 길을 기도하는 마음으로 예수를 따르는 것은 때때로 고통이나 죽음으로 귀결될 수도 있다. 그러나 그것은 또한 현재와 다가오는 시대에 부활의 능력 안에서 풍성한 삶의 기쁨을 경험하는 것을 의미한다.

"너희는 나를 누구라 하느냐?"(막 8:29)는 질문은 성육신하고 처형당하고 부활한 나사렛 예수가 던지는 질문이다. 그리고 우리가 대답할 말을 더듬어 찾기도 전에, 그는 우리를 개인으로서 그리고 공동체로서 초대하여 그분을 더 잘 알게 하고 그 과정에서 변화되도록 이끈다.

"나를 따라오라!"(마 4:19). "와서 보라!"(요 1:39).

|부록|

용어집

아나뱁티스트(Anabaptist): 16세기 라디컬 종교개혁(the Radical Reformation)
에서 비롯된 전통을 고수하는 기독교 신앙의 한 흐름으로, 일반적으로
신앙고백 시 세례, 예수의 가르침에 대한 강한 고수, 비폭력 또는 비보
복 윤리에 대한 헌신, 비위계적이고 공동체 중심의 교회 정치에 대한 접
근 방식이 특징이다.

그리스도론(Christology): 예수 그리스도에 관한 교리. 그리스도론은 예수를
따르는 것의 물질적 의미를 기도하는 마음으로 체계적으로 표현하는
것을 의미한다. 우리는 공동체로서 그리스도론을 발전시키는데 이 공
동체는 성경과 예배로 형성되고, 신학 전통과 대화하며, 현재의 도전에
직면하여, 언어와 상징을 사용하여 성령의 도우심을 받아 예수를 따르
는 '길 위의' 사람들이다.

신성화된(divinized), 신화(divinization): 인간이 하나님과 점점 더 닮아가는 과정
을 테오시스(theosis)라고도 하며, 예수의 성육신과 성령의 거룩한 사
역을 통해 가능해졌다. 우리는 하나님의 형상대로 지음받았기 때문에
하나님을 더욱 닮아간다는 것은 우리의 진정한 인간성을 회복한다는
의미이기도 하다.

도케티즘(Docetism): 그리스어 어근 도케오(dokeo, "보이다" 또는 "나타나다")에서 유래한 것으로, 예수는 완전한 인간으로 보였을 뿐 실제로는 완전한 인간의 육체를 취하지 않았다는 그리스도론적 왜곡이다. 하나님이 참된 인간으로 나타나실 것이라는 사실을 믿을 수 없는, 육체와 물질에 대한 깊은 불신에서 비롯된 것이다.

종말론(eschatology), 종말론적(eschatological): 예수의 재림, 모든 육체의 부활, 새 하늘과 새 땅 등 약속된 "마지막 일"에 초점을 맞춘 그리스도교의 희망에 대한 교리이다.

위격적 연합(hypostatic union): 예수 그리스도는 인성과 신성의 두 본성으로 연합된 한 인격(그리스어 하이포스타시스hypostasis에서 유래, 개별적 존재를 의미)이라는 그리스도론적 교리이다. 그리스도는 반은 인간이고 반은 하나님이 아니라 완전한 인간이고 완전한 하나님이다.

성육신(incarnation): 아들 하나님이 어머니 마리아에게서 완전한 인간으로 태어나셔서(갈 3:4 참조) "육신이 되어 우리 가운데 거하"(요 1:14)셨다는 개념이다.

하나님의 나라(kingdom of God): 하나님이 세상을 돌보고 질서를 세우는 방식에 대해 예수가 전파하고 구체화한 복음이다. 마태는 하나님의 거룩한 이름에 존경을 표하기 위해 이 나라를 "천국"이라고 부른다. "하나님의 통치" 또는 "하나님의 공화국(commonweal)"이라고도 표현할 수 있다.

역설(paradox), 역설적(paradoxical): 모순되어 보이는 두 개념이 동시에 진리임을 나타내는 표현으로, 역설은 일반적으로 뜻밖의 것이고, 직관에 반하는 것이며 더 심오한 진리를 가리키는 경우가 많다.

사유화하다(privatize), 사유화(privatization): 사회적, 정치적 함의를 지닌 신학적 신념을 개인적이고 사적인 영역에만 국한시키는 것(환원주의 참조). 예수에 대한 우리의 믿음을 사유화한다는 것은 제자도를 세상 삶에 아무런 영향을 미치지 않는 활동으로 취급하는 것을 의미한다.

환원주의(reductionism): 현상의 복잡성을 너무 단순한 용어로 축소하여 탄탄한 설명을 제공하지 못하는 것을 말한다. 예를 들어 복음이 사회적, 정치적, 경제적 의미를 간과한 채 "영적인 문제"에만 관한 것이라고 말하는 것이다.

부활(resurrection): 하나님이 예수를 "들어 올리는 것"이고, 신약성경에서 하나님이 성령으로 예수의 무덤을 비우고 예수를 새롭고 변화된 육체의 생명으로 일으키어 죽음을 영구히 이기게 한다는 사실을 설명하는 데 사용되는 단어이다.

백인 민족주의(white nationalism): 유럽계 사람들이 백인으로 인식되지 않는 사람들보다 우월할 뿐만 아니라(백인 우월주의), 특정 국가나 영토를 점령하고, 소위 백인 인종에 속하지 않는다고 생각하는 모든 사람들을 몰살하거나 추방할 독점적 권리를 가지고 있다는 믿음을 지지하는 인종주의의 한 형태이다.

놀라운 교환(wonderful exchange): "교환" 또는 "놀라운 교환"이라고도 불리는 이 단어는 그리스도 안에 계신 하나님이 인간이 되셔서 인간이 하나님처럼 될 수 있게 되었다는 생각을 나타낸다(신화 참조).

토론과 성찰 질문

1장

1. 예수라는 이름을 들으면 무엇이 떠오르는가? 부정적인 의미인가, 긍정적인 의미인가, 아니면 둘 다인가? 어떤 방식이나 방식들로?

2. 온라인에서 예수의 이미지를 검색하라. 그 결과 어떤 점을 발견했는가? 그런 이미지는 이 장을 읽은 후 여러분이 기대했던 것과 어떤 면에서 비슷하거나 다른가? 여러분은 어떤 이미지를 더하거나 빼고 싶은가?

3. 예수와 그를 따르는 첫 사람들이 살았던 제국의 상황을 고려하면 신약성경을 읽는 방식이 달라지는가? 왜 그런가 또는 왜 그렇지 않은가? 예수의 상황과 여러분의 상황 사이에 어떤 유사점이 보이는가?

4. 가난한 사람들에게 예수의 메시지가 "좋은 소식"이 되는 이유는 무엇인가? 반면 부유한 사람들에게는 어떠한가?

2장

1. 침략에 대한 비폭력 저항이라는 개념에 대해 어떻게 생각하는가? 예수의 접근 방식이 개인적 차원, 국가적 차원, 또는 두 가지 모두에서 여러분에게 의미가 있는가? 왜 그런가 또는 왜 그렇지 않은가? 모든 그리스도인이 비폭력 저항을 제자도의 핵심적인 부분으로 고수한다면 어떤 변화가 일어나겠는가?

2. 하나님의 통치, 즉 하나님의 나라에 대해 토론하라. "왕권"이라는 시대에 뒤떨어진 언어를 사용하지 않으면서 이 개념을 표현할 수 있는 방법을 생각해 볼 수 있는가?

3. 수 세기 동안 교회가 여성에 대한 예수의 가르침을 따르는 데 어려움을 겪은 이유는 무엇이라고 생각하는가? 베다니의 마르다나 막달라 마리아와 같은 예수의 여성 제자가 남성 사도와 동등한 신학적 증인으로 대우받는다면 그리스도교계는 어떻게 달라지겠는가? 그 가능성을 가로막는 장애물은 무엇이겠는가?

3장

1. 요한복음에 나오는 "나는 ~이다"라는 구절을 살펴보라. 이런 식으로 예수를 생각할 때 어떤 이미지와 생각이 떠오르는가? 왜 이런 이미지가 예수에 대한 우리의 대화에서 자주 포함되지 않는다고 생각하는가? 그 이미지는 예수가 누구인지 이해하는 데 무엇을 더할 수 있겠는가?

2. 누가복음은 예수를 모든 것을 아는 존재가 아니라 지식이 자라는 사람으로 묘사한다. 이것이 예수가 완전한 인간이자 완전한 하나님이었다는 그리스도교 주장에 어떤 의미가 있다고 생각하는가?

4장

1. 용어 색인집을 사용해서 구원과 화해, 속죄, 희생, 구속 등 신약성경에서 예수의 사역을 설명하는 데 사용된 은유를 철저하게 조사해보라. 예수가 한 일을 묘사하는 다양한 동사와 명사를 찾을 수 있는가? 이 은유들은 서로를 어떻게 조명하는가?

2. 우리가 육류, 달걀, 유제품에 대한 굶주림을 채우기 위해

산업적 농업 관행에서 동물을 희생시키는 방식에 대해 토론하라. 예수의 사역으로 희생의 논리가 해체된 것은 어떤 면에서 이러한 관행에 의문을 제기하는가? 예수를 따르는 우리는 제자도에 비추어 동물과의 관계를 어떻게 재고할 수 있는가?

3. 예수는 우리에게 그분과 동일시하는 데 따르는 대가를 고려하라고 한다(눅 14:25-33). 여러분은 어떤 "비용"을 이미 치렀는가, 아니면 그를 따르기로 결심했을 때 어떤 비용을 치를 것으로 예상했는가?

5장

1. 성육신과 부활이 실제로 우리가 육체적 존재임을 잊어버리게 하는 영화된 신앙 이해로부터 몸의 가치를 지키는 "보루"라면, 그것은 예수를 따르는 우리 삶에 구체적으로 무엇을 의미하는가?

2. 지인 중 그리스도인이 아닌 사람에게 예수의 "좋은 소식"이 무엇인지 설명해야 한다면 뭐라고 말하겠는가?

6장

1. 그리스도인이라고 자처하는 사람들은 식민주의, 유대인 희생양 삼기, 원주민 살해와 이주, 아프리카인 노예화와 노예를 재산으로 취급하는 제도인 동산 노예제(chattel slavery), 자연 착취, 성소수자 학대 등 많은 폭력적인 행동에 깊이 연루되었다. 이 책에서 설명하는 방식으로 예수를 알고 따르는 것이 이러한 공모의 패턴에 도전할 수 있는 방법을 제공하는가? 아니면 그렇지 않은가?

2. 이 책은 성령이 예수가 오늘날 우리가 그를 따르는 방법을 분별하도록 도와주겠다고 약속한 보혜사라고 주장한다. 이것은 우리가 공동체에서 과거에 해왔던 일을 혁신하고 변화시킬 수 있다는 것을 의미하는가? 어떻게 그렇게 할 수 있는가?

3. 예수를 따르는 것은 우리가 그에 대해 알 수 있는 것을 어떤 방식으로 변화시키는가? 토론하고 예를 들어보라.

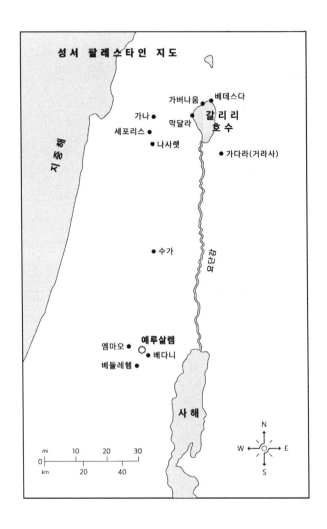

성 서 팔 레 스 타 인   지 도

지 중 해

가버나움 ● ● 베데스다
가나 ●
세포리스 ● 막달라
● 나사렛
갈 리 리 호 수
● 가다라(거라사)

요단강

● 수가

엠마오 ● 예루살렘
○
● 베다니
베들레헴 ●

사 해

N
W ✦ E
S

mi
0   10   20   30
km   20   40

공유된 신념 (Shared Convictions)

아나뱁티스트 관련 교회 간의 공동체를 촉진하는 세계적인 그리스도교 교회 공동체인 메노나이트국제회의 (Mennonite World Conference)는 아나뱁티스트 신앙을 특징짓는 다음과 같은 공유된 신념을 제시한다. 제세례파에 대한 자세한 내용은 ThirdWayCafe.com을 방문하라.

하나님의 은혜로 우리는 예수 그리스도 안에서 선한 삶을 살고 선포하고자 노력합니다. 언제 어디서나 그리스도의 한 몸의 일원으로서 우리는 다음 사항을 우리의 믿음과 실천의 중심으로 삼습니다.

1. 하나님은 우리에게 성부, 성자, 성령으로 알려져 있으며, 사람들을 교제, 예배, 봉사, 증거에 충실하도록 부르심으

로써 타락한 인류를 회복하고자 하는 창조주입니다.

2. 예수님은 하나님의 아들입니다. 그분의 삶과 가르침, 십자가와 부활을 통해 신실한 제자가 되는 방법을 보여주셨고, 세상을 구속하셨으며, 영원한 생명을 주셨습니다.

3. 교회로서 우리는 하나님의 영이 죄에서 돌이켜 예수 그리스도를 주님으로 인정하고 신앙고백 위에서 세례를 받고 삶에서 그리스도를 따르도록 부르시는 사람들의 공동체입니다.

4. 신앙 공동체로서 우리는 성경을 신앙과 삶의 권위로 받아들이며, 예수 그리스도의 빛 아래 성령의 인도하심에 따라 우리의 순종을 위한 하나님의 뜻을 분별하고자 성경을 함께 해석합니다.

5. 예수님의 영은 우리가 삶의 모든 영역에서 하나님을 신뢰

하도록 힘을 북돋워 주어 폭력을 포기하고, 원수를 사랑하며, 정의를 추구하고, 도움이 필요한 사람들과 소유물을 나누는 평화를 만드는 사람이 되게 합니다.

6. 우리는 정기적으로 모여 예배를 드리고, 주의 만찬을 축하하며, 상호 책임감의 정신으로 하나님의 말씀을 듣습니다.

7. 전 세계적인 신앙과 삶의 공동체로서 우리는 국적, 인종, 계급, 성별, 언어의 경계를 초월합니다. 우리는 악의 세력에 순응하지 않고 세상을 살아가며 다른 사람들을 섬기고 피조물을 돌보며 모든 사람이 예수 그리스도를 구세주와 주님으로 알도록 초대함으로써 하나님의 은혜를 증거하고자 노력합니다.

이러한 신념에서 우리는 예수 그리스도의 철저하게 급진적인 제자도를 모델로 삼았던 16세기의 아나뱁티스트 선조들로부터 영감을 얻습니다. 우리는 그리스도의 재림

과 하나님 나라의 최종적인 완성을 확신하며 성령의 능력
으로 예수 그리스도의 이름으로 행하고자 노력합니다.

(2006년 3월 15일, 메노나이트 국제 회의 총회에서 채택됨)

'예수의 길'(The Jesus Way: Small Books of Radical Faith) 소개

'예수의 길'은 언제 어디서나 누구에게나 좋은 소식입니다. 예수 그리스도는 "만물보다 먼저 계시고 만물이 그 안에 함께 섰고", "아버지께서는 모든 충만으로 예수 안에 거하게 하시는 것을 기뻐하셨습니다"(골 1:17, 19). 하나님의 뜻이 하늘에서 이루어진 것 같이 땅에서도 이루어질 때 예수의 길은 이루어지지요.

하지만 실제로 예수의 길을 따른다는 것은 무엇을 의미합니까? 지금 21세기에 그리스도의 이름에 대한 권리를 주장하는 우리는 어떻게 하나님의 형상을 드러낼 수 있을까요? 그리스도 안에서 화해의 기쁜 소식을 살아내고 알린다는 것은 무엇을 의미합니까?

헤럴드출판사(Herald Press)에서 펴내는 라디컬 신앙*

---

* 역자 주: 이 책에서 사용하는 단어 'radical'은 흔히 '급진적'으로 번역되어 급진성의 의미가 과격함에 있다는 오해를 불러일으켰다. 'radical'에는 오히

소책자 '예수의 길' 시리즈(The Jesus Way: Small Books of Radical Faith)는 실용적이고 간결한 신학을 제공하여 독자들이 세상에서 하나님이 하시는 일에 대한 중요한 질문을 마주하도록 돕습니다. 성경을 그리스도 중심으로 읽고, 화해에 헌신하는 것을 신앙의 근본으로 여기는 이 시리즈는 봉사에 활기를 불어넣고, 예수를 따르는 증인들이 담대하게 증언하도록 돕는 것을 목표로 삼습니다.

예수의 길 시리즈는 예수를 따르고, 원수를 사랑하며, 신실한 공동체를 만드는 것을 우선시하는 기독교 전통인 아나뱁티스트에 뿌리를 두고 있습니다. 1500년대 종교개혁 당시 예배를 위해 모이기 시작한 초기 아나뱁티스트는 믿음 외에도 제자도를 강조했고, 유아 대신 성인에게 세례를 주었으며, 국가에 대한 충성보다 하나님에 대한 충성을 맹세했습니다. 초기 아나뱁티스트는 라디컬한 신앙으로 인해 순교했으며,

려 철저하다는 뜻이 드러나는 것이 더 정확할 것이다. 오해를 피하고자 음역해서 '라디컬'로 번역했다. 그리고 문맥에 따라 '철저한 급진성', 또는 '철저하게 급진적인' 등으로 번역했다. 이에 Radical Reformation도 '급진적 종교개혁'이 아니라 '라디컬 종교개혁'이라고 번역했다.

자신들을 비난하는 이들에게 격렬하게 저항하지 않고 순전히 죽음을 맞이했습니다.

오늘날 전 세계 100여 개국에서 200만 명 이상의 아나뱁티스트 그리스도인들이 예배를 드리고 있습니다. 여기에는 메노나이트(Mennonites), 아미쉬(Amish), 그리스도형제회(Brethren in Christ), 후터라이트(Hutterites)가 포함됩니다. 이 외에도 아나뱁티스트 신앙과 실천에 헌신하는 그리스도인들은 다른 전통의 교회 공동체에 많이 남아 있습니다.

예수를 따른다는 것은 죄에서 돌이키고, 폭력을 포기하고, 정의를 추구하고, 하나님의 화해 능력을 믿고, 성령의 능력 안에 사는 것을 의미합니다. 예수의 길은 우리를 세상에 순응하는 삶에서 해방시키고 상처받은 곳을 치유합니다. 그것은 악에 빛을 비추고 모든 것을 회복시키지요.

예수의 길을 찾을 때 전 세계의 그리스도를 따르는 사람들과 함께합시다.

_ 헤럴드출판사(Herald Press)

미주

서론

1 Hans Denck, *Was geredt sei, daß die Schrift sagt* (Concerning the Law of God, 1526), in *The Spiritual Legacy of Hans Denk: Interpretation and Translation of Key Texts*, ed. C. Bauman (Leiden: Brill, 1991), 112 참조. 뎅크의 동년배 한스 후트(Hans Hut) (대략 1490~1527)는 예수 그리스도의 진리에 도달하기 위해서는 그분의 발자취를 따라 걸어야 한다는 역학 관계를 뎅크와 비슷하게 설명했다. *Quellen zur Geschichte der Wiedertäufer*, vol. 3, *Glaubenszeugnisse oberdeutscher Taufgesinnter* 1, ed. Lydia Müller (Leipzig: M. Hensius Nachfolger, 1938), 14 참조.

2 마태복음 16장 13-20절, 마가복음 8장 27-30절, 누가복음 9장 18-21절을 보라.

3 이 책에서 다루고 있는 연습은 예수 그리스도를 중심으로 한 신학 교리인 그리스도론의 핵심이다.

1장

1 예수의 공생애 기간 3년 동안 예수를 만나지 못했던 바울은, 예수 부활 후에 처음에는 예수 운동에 반대하다가 예수를 열성적으로 따르는 사람이 되었다(행 9:1-19; 갈 1:13-14; 빌 3:6-8를 보라).

2 Craig A. Evans, *Jesus and His World: The Archeological Evidence* (Louisville: Westminster John Knox, 2012) 참조.

3 Jonathan L. Reed, "Instability in Jesus' Galilee: A Demographic Perspective," *Journal of Biblical Literature* 129 (2010): 343-365 참조.

4 Reed, "Instability in Jesus' Galilee."

5 Reed, "Instability in Jesus' Galilee."

6 Markus Cromhout, "Review Article: Ancient Galilee and the Realities of the Roman Empire," *HTS Teologiese Studies* 68 (2012), https://doi.org/10.4102/hts.v68i1.1203 참조.

7 George W. Fisher, "Symbiosis, Partnership, and Restoration in Mark's Parable of the Sower," *Theology Today* 73 (2017): 378-387 참조.

8 Richard A. Horsley, "Jesus and Empire," *Union Seminary Quarterly Review* 59 (2005): 54.

9 Horsley, "Jesus and Empire," 55.

10 Horsley, "Jesus and Empire," 56.

11 예수는 고독한 시간(막 6:46)과 사역 중 습관적으로 기도하는

시간을 가졌으며(막 9:29), 제자들에게 기도하는 방법(마 7:7-11, 막 11:25를 보라)과 기도가 아닌 방법(눅 18:9-14)에 대해 모범과 명시적인 가르침을 보여주었다.

12 Howard Thurman, *Jesus and the Disinherited* (Boston: Beacon Press, 1976), 11.

13 Thurman, *Jesus and the Disinherited*, 110-112 참조

14 Raymond E. Brown, *An Introduction to New Testament Christology* (New York: Paulist Press, 1994), 65.

15 다음 내용은 Arnold C. Snyder, "Revolution and the Swiss Brethren: The Case of Michael Sattler," *Church History* 50 (1981): 276-287를 참고하라.

16 "Trial and Martyrdom of Michael Sattler: Rottenburg 1527," in *Spiritual and Anabaptist Writers: Documents Illustrative of the Radical Reformation*, ed. George Huntston Williams and Angel M. Mergal (Philadelphia: Westminster Press, 1958), 144 참조.

17 Gene Sharp, *The Politics of Nonviolent Action: Part 1: Power and Struggle* (Boston: Porter Sargent, 1973) 참조.

18 Richard Horsley, "Ethics and Exegesis: 'Love Your Enemies' and the Doctrine of Nonviolence," *Journal of the American Academy of Religion* 54 (1986): 3-31 참조.

19 William Klassen, "Love Your Enemy: A Study of New

Testament Teaching on Coping with an Enemy," *Mennonite Quarterly Review* 37 (1963): 147-171 참조.

20 James F. Childress, "Moral Discourse about War in the Early Church," *Journal of Religious Ethics* 12 (1984): 2-18 참조.

2장

1 "주"(*kyrios*)는 히브리어 성경의 고대 그리스어 버전인 칠십인역 성경에서 하나님의 거룩한 이름인 야웨를 번역하는 데 사용된 그리스어 용어이며, 많은 영어 버전에서 야웨는 작은 대문자 LORD로 표기된다.

2 Martin Hengel, *El Hijo de Dios: El origen de la cristología y la historia de la religión judeo-helenística*, trans. J. M. Bernáldez (Salamanca: Sígueme, 1977), 81-113 참조.

3 성 아우구스티누스/조호연 · 김종흡 역, 『하나님의 도성』, 서울: CH북스, 2016. Saint Augustine, *Concerning the City of God against the Pagans*, trans. Henry Bettenson (New York: Penguin Books, 2003), 400-401 참조.

4 아우구스티누스/성염 역, 『삼위일체론』(왜관: 분도출판사, 2015). Saint Augustine, *The Trinity*, trans. Edmund Hill, OP (New York: New City Press, 1991), 81-82, 153, 165, 225 참조.

5 The Definition of Chalcedon, 451, *Documents of the Christian*

Church, 2nd ed., ed. Henry Bettenson (London: Oxford University Press, 1967), 51.

6 Augustine, *Sermon* 191.1; trans. adapted from Garry Wills, *Saint Augustine* (New York: Lipper/Penguin, 1999), 139-140.

7 Gregory of Nazianzus, *Oration on the Nativity of Christ*, 38.13, translated by Brian E. Daley in *God Visible: Patristic Theology Reconsidered* (Oxford: Oxford University Press, 2018), 136.

8 Gregory of Nazianzus, *To Cledonius the Priest against Apollinarius*, Epistle 101 참조, http://www.newadvent.org/fathers/3103a.htm에서 볼 수 있음.

9 Menno Simons, *The Complete Works of Menno Simons.* (Elkhart, IN: John F. Funk and Brother, 1871, CrossReach Publications에서 재인쇄, 2017), 55, 66, 129 참조.

10 *HarperCollins Bible Dictionary*, ed. Paul J. Achtemeier (San Francisco: HarperSan Francisco, 1986), "세례"(baptism) 참조.

3장

1 Rafael Aguirre Monasterio, "El evangelio de Jesucristo y el imperio romano," *Estudios Eclesiásticos* 86 (2011): 213-240 참조.

2 Aguirre Monasterio, "El evangelio de Jesucristo," 221 참조.

3 당시의 또 다른 카리스마 넘치는 인물인 갈릴리 유다(Judas the Galilean)는 기원전 6년경, 정확히 이 문제를 둘러싸고 로마에 반기를 들었다. Flavius Josephus, *The Antiquities of the Jews*, 18.4-6 참조, https://www.gutenberg.org/files/2848/2848h/2848-h.htm에서 볼 수 있음.

4 Aguirre Monasterio, "El evangelio de Jesucristo," 221 참조.

5 Pliny the Younger, *To Trajan*, Epistle 10.96 참조, http://www.vroma.org/-hwalker/Pliny/Pliny 10-096-E.html에서 볼 수 있음.

6 Klyne Snodgrass, "Between Text and Sermon: Mark 4:1-20," *Interpretation* 67 (2013): 284-86.

7 야곱(이스라엘이라고도 함)과 그의 자녀들의 이야기는 창세기 25-50장에 나온다.

8 특히 요한복음 6장 19-20절, 8장 58절, 18장 6-8절을 보라. 여기서 예수는 술어 명사없이 "나는 ~이다"라고만 말한다.

4장

1 Edward Lucie-Smith, *The Face of Jesus* (New York: Abrams, 2011), 14-20 참조.

2 예수의 사역을 이해하는 주요 모델로 이해되는 "대리"(surrogacy)

와 "대체"(substitution)의 개념은 역사적으로 가사일을 대리로 맡아야 했던 흑인 여성 같은 사람들이 쉽게 이해할 수 있다. JoAnne Marie Terrell, *Power in the Blood? The Cross in the African American Experience* (Eugene, OR: Wipf and Stock, 1998), 99-125를 보라.

3 Jürgen Moltmann, *Experiences of God*, trans. Margaret Kohl (Minneapolis: Fortress Press, 2009), 80.

5장

1 에이미 질 레빈/캐롤 A. 뉴섬(Carol A. Newsom) · 샤론 H. 린지 (Sharon H. Ringe) 엮음/이화여성신학연구소 번역, "마태복음", 『여성들을 위한 성서주석: 신약편』 (서울: 대한기독교서회, 2012); Amy-Jill Levine, "Gospel of Matthew," in *Women's Bible Commentary*, ed. Carol A. Newsom, Sharon H. Ringe, and Jacqueline E. Lapsley (Louisville: Westminster John Knox, 1992), 262.

2 노르위치의 줄리안/김재현- 전경미 번역, 『계시』 (서울: 키아츠프 레스, 2019); Denise N. Baker, ed., *The Showings of Julian of Norwich* (New York: Norton, 2005), 13-14 참조.

3 Vítor Westhelle, *The Scandalous God: The Use and Abuse of the Cross* (Minneapolis: Fortress Press, 2006), 162, 171.

6장

1 Warren Carter, "Matthew 4:18-22 and Matthean Discipleship: An Audience-Oriented Perspective," *Catholic Biblical Quarterly* 59 (1997): 58-75 참조.

예수를 따른다는 것의 의미

2024년 1월 10일 처음 펴냄

지은이 | 낸시 엘리자베스 베드포드
옮긴이 | 최유진
펴낸이 | 김영호
펴낸곳 | 도서출판 동연
등 록 | 제1-1383호(1992년 6월 12일)
주 소 | (03962) 서울시 마포구 월드컵로 163-3, 2층
전 화 | (02) 335-2630
팩 스 | (02) 335-2640
이메일 | yh4321@gmail.com

Copyright ⓒ 도서출판 동연, 2024

ISBN 978-89-6447-971-1 03230